Diseña tu futuro

Diseña tu futuro

Atrévete a ser tú: ser feliz en el trabajo es posible

Jaume Gurt

conecta

Los libros de Conecta están disponibles para promociones y compras por parte de empresas, en condiciones especiales para grandes cantidades. Existe también la posibilidad de crear ediciones especiales, incluidas ediciones con cubierta personalizada y logotipos corporativos para determinadas ocasiones.

Para más información, póngase en contacto con:
edicionesespeciales@penguinrandomhouse.com

El papel utilizado para la impresión de este libro ha sido fabricado a partir de madera procedente de bosques y plantaciones gestionadas con los más altos estándares ambientales, garantizando una explotación de los recursos sostenible con el medio ambiente y beneficiosa para las personas. Por este motivo, Greenpeace acredita que este libro cumple los requisitos ambientales y sociales necesarios para ser considerado un libro «amigo de los bosques». El proyecto «Libros amigos de los bosques» promueve la conservación y el uso sostenible de los bosques, en especial de los Bosques Primarios, los últimos bosques vírgenes del planeta.

Travessera de Gràcia, 47-49. 08021 Barcelona

Printed in Spain – Impreso en España

ISBN: 978-84-16029-63-1
Depósito legal: B-15365-2016

Compuesto en M. I. maqueta, S. L.

Imprime y encuaderna:
Reinbook Serveis Grafics, S. L.

CN 2 9 6 3 B

Penguin
Random House
Grupo Editorial

A mis padres, que me regalaron la vida;
a mi hijo Pol, que la llena de AMOR y SENTIDO,
y a todos los maestros que me guiaron y
acompañaron en el camino

Que el AMOR con que han sido escritas las
palabras de este libro ilumine tu viaje

Índice

Segunda parte
Eres dueño de tu destino: la transición hacia uno mismo

Tercera parte
Tú eres la llave

Cuarta parte
Pequeños juegos para crecer

TESTIMONIOS
(Empresas y personas)

Conclusiones

Introducción

Este soy yo y esta es mi vida

Querido lector, gracias por elegir este libro. Mi nombre es Jaume Gurt, estoy divorciado y tengo un hijo maravilloso de diecinueve años que llena mi vida desde que llegó a este mundo. Vivo con una mujer fantástica que tiene mellizos, un niño y una niña de diez años iguales pero muy distintos; dos seres extraordinarios que me enseñan algo cada día. Entre todos formamos una familia flexible: algunos días parecemos unos jovencitos que empiezan a vivir en pareja, otras veces somos una familia numerosa con tres hijos, y en ocasiones solo tenemos uno o dos hijos en casa; todo un abanico de experiencias que me permiten llevar una vida familiar con muchos matices.

Mi padre, ingeniero industrial, gran amante de las matemáticas y admirador del *tesón*, la *planificación* y la *eficacia* germánicos, era quien traía los ingresos a casa. Yo le admiraba por lo que había logrado y por cómo era, y de alguna forma trataba de imitarlo. Mi madre se encargaba de la casa y del trabajo diario de criar a cinco hijos. Ella me enseñó lo que es la *entrega*. Mis abuelas y mi tía me regalaron la vivencia del *amor incondicional* y mis abuelos, el *esfuerzo*, la *paz interior* y el *amor por la naturaleza*. Yo, como hijo mayor, desarrollé entre otras muchas cosas la *responsabilidad* y la *obligación* hacia el grupo que formábamos, porque el grupo era lo prioritario.

Estudié Ingeniería de Telecomunicaciones en Barcelona, influenciado por la formación y el carácter de mi padre. También cursé un posgrado en el IESE (un PDD o Programa de Desarrollo Directo) cuando ya trabajaba como director comercial en InfoJobs, lo que me proporcionó una visión global de la empresa, me aportó elementos para el *análisis* de situaciones y mejoró mi *toma de decisiones*.

Con dieciocho años, mientras estudiaba en la facultad, empecé a trabajar como profesor de informática (1982) en un centro de FP y también formando a directivos en aplicaciones ofimáticas en sus empresas. Con el tiempo descubrí que aquella experiencia de formar a altos cargos a tan temprana edad me regaló una visión humana y desmitificada de los mismos. Comprendí que son como tú y como yo pero con unas responsabilidades laborales mayores.

Un día decidí buscar un trabajo que me proporcionase mayor estabilidad y así es como llegué al mundo de las ventas, con mi timidez e inexperiencia pero también con muchas ganas de aprender y de hacerlo bien. Empecé vendiendo impresoras láser y ordenadores para Canon España en la calle, mediante la llamada «puerta fría», es decir, llamando a la puerta de un particular o de una empresa de la zona que se me había asignado para ofrecerles el producto sin haber concertado antes una cita. En aquella empresa aprendí los primeros conceptos de venta, los más básicos, y también lo difícil que es vender y lo que supone: muchas horas de dedicación, malas respuestas en infinidad de ocasiones y escasos resultados. La experiencia como vendedor y, en especial, la venta a puerta fría me ayudaron a desarrollar la *resiliencia*, que según la Real Academia de la Lengua es «la capacidad humana de asumir con flexibilidad situaciones límite y sobreponerse a ellas».

De aquella gran multinacional pasé a trabajar para una empresa familiar de doce personas, donde empecé con la venta de proyectos y a trabajar con grandes empresas. Pero, sobre todo, lo que perseguía era que me tratasen como a una persona y no como a un número. Luego entré en una empresa familiar mediana (las personas tampoco eran consideradas un número), donde definitivamente aprendí a vender y pude trabajar con importantes empresas, desarrollé la comercialización de grandes proyectos y llegué a liderar dos de sus oficinas. Después trabajé en una multinacional de la fibra óptica (qué fácil es para el ser humano tropezar dos veces con la misma piedra) y finalmente en InfoJobs.

Con cada cambio perseguía crecer y madurar y, como consecuencia de las experiencias que adquiría, mi salario mejoraba. Nunca a la inversa.

Todo mi entorno me llevaba a la técnica, los números, la eficacia, los métodos... Pero hubo un hecho que cambió el rumbo de mi vida y mi forma de ver las cosas. Cuando me separé en el año 2000, sentí que perdía lo más precioso que tenía: mi hijo y mi familia. Allí empezó una búsqueda de algo que no lograba encontrar, una búsqueda de respuestas acerca de mi propio ser interior. Y en ese caminar conocí la autoayuda, el apoyo de los amigos, el deporte, la naturaleza, el coaching, la terapia… El camino largo y tedioso me llevó a formarme en yoga y meditación,en el eneagrama de la personalidad y las constelaciones familiares, en técnicas de coaching y en Programación Neurolingüística (PNL); un camino para desprenderme de la armadura que me había puesto y hacer emerger esa sensibilidad que reside en el interior de todos nosotros; un camino donde me descubrí a mí mismo, donde abrí mi corazón, donde recuperé mis emociones, donde comprendí un poco mejor este juego de la vida; un camino para transformarme, para tomar las riendas de mi existencia y disfrutarla.

La serenidad que esto aportó a mi vida personal me permitió adquirir una mirada distinta de la vida profesional y todo se transformó para unirse y formar una sola cosa. Todas las herramientas que necesité para encontrar las respuestas que mi vida personal me había formulado empecé a aplicarlas en el trabajo, invitando a las personas que me rodeaban a recorrer su propio camino con ellas. Primero lo hice en mi equipo de ventas, como director comercial de InfoJobs, y más tarde en toda la organización como director general. Las personas y la organización se transformaron para convertirse en algo precioso y único.

Era el año 2002, la burbuja de internet había explotado y las personas y los bancos abandonaban el sector sin apenas esperanzas. Mi llegada a InfoJobs como director comercial significó abandonar el sector seguro de las telecomunicaciones, donde tenía un buen salario, muchos y excelentes contactos (la vida me había tratado bien) y gozaba de gran prestigio.

Dejé atrás todo lo que había logrado en mi carrera profesional para incorporarme a un proyecto joven, por la mitad del salario, sin dinero (los socios habían agotado ya todas sus reservas), con un jefe de veinticuatro años (yo tenía treinta y nueve), sin tener experiencia en liderar organizaciones y en una empresa con treinta empleados.

Lo único que teníamos era mucha ilusión, una opción de futuro si lo hacíamos bien o la muerte si fracasábamos, y un gran reto: desarrollar el modelo de negocio y lograr que las ventas se dispararan para ganar suficiente dinero y hacer que la empresa creciese. Mi primer equipo estaba formado por cinco comerciales con una media de veinticuatro años. Hoy somos 240 personas en España, con oficinas en Italia y Brasil. Pertenecemos a la multinacional noruega Schibsted, con presencia en treinta países, y casi seis millones de personas nos visitan todos los meses en España para depositar su ilusión en un trabajo nuevo. 70.000 empresas trabajan con nosotros ofreciendo más de 1.800.000 vacantes laborales y estimamos que 900.000 personas obtendrán un nuevo empleo gracias a InfoJobs. Dicho otro modo, cada tres minutos cinco personas encuentran trabajo en España a través de InfoJobs.

Así pues, soy como tú, una persona más en este mundo. El entorno personal ha sido el detonante de mi metamorfosis, y el laboral, el campo de juego principal donde llevarla a cabo. Cada persona encuentra en la vida los resortes de cambio y los escenarios para su desarrollo, pero la decisión de aplicarlos o no solo depende de cada uno.

Desde hace años trabajo para que las empresas puedan ser un lugar donde crecer personal y profesionalmente, un lugar para trabajar y ser feliz consiguiendo así una plenitud del ser humano y un equilibrio entre ambos aspectos.

A lo largo de mi vida he visitado 37 países, he recorrido a pie el Camino de Santiago, y he comprendido que el contacto con la naturaleza me sana. He comprobado que liderar personas es la labor más compleja que existe, pero me encanta, me llena y me entrego a ella sin reservas. En mi camino de vida he comprobado que el AMOR es la energía más poderosa del universo y que puede transformarlo todo.

Actualmente llevo a cabo retiros de meditación al menos dos veces al año, asisto desde hace siete años a las enseñanzas del Dalái Lama en Dharamsala durante mis vacaciones de verano y sigo creciendo con la Fundación Claudio Naranjo y sus talleres SAT de Eneagrama. Siempre intento ayudar a las personas que se cruzan en mi camino, procuro ser feliz y disfrutar cada día de lo que tengo y agradezco todas las noches las cosas que me suceden, porque todas tienen su propósito, aunque muchas veces soy incapaz de comprenderlo en el preciso momento en que se producen.

Desde la privilegiada vista que nos proporciona la atalaya laboral de InfoJobs puedo vislumbrar el futuro del trabajo que nos depara el destino y, ahora más que nunca, creo que es fundamental que las personas se conviertan en líderes de su propio destino. Como si de un tsunami se tratara, los acontecimientos que vienen sacudirán y cambiarán nuestra vida personal y profesional. En este libro encontrarás esta visión, las palancas que nos están llevando hacia allí, qué implicaciones tiene, cuál es el papel que nos tocará desempeñar, cómo las empresas se convertirán en un campo fundamental de desarrollo y cuáles serán las claves que poseemos como seres humanos para afrontar el cambio que está por venir.

A través de este libro compartiré contigo las claves que he descubierto a partir de mi propia experiencia vital a lo largo de muchos años y que he llevado a la práctica en el plano personal y como director general de InfoJobs en toda su organización. En ambos casos he podido ver, sentir y medir las transformaciones que se producían y los efectos en las vidas de las personas y en los negocios. Es maravilloso.

También encontrarás algunos ejercicios que a mí y a las personas de mi equipo nos han servido y nos han transformado, los testimonios de las personas que me han acompañado y que ya han recorrido este viaje que te presento, así como algunas empresas que ya se encuentran en este nuevo paradigma.

Espero que este libro, el reflejo de mis vivencias y las de las personas y las empresas con las que he andado mi vida en los últimos quince años, te ayuden a ver mejor el futuro, a prepararte con tiempo y a convertirte en aquel que realmente eres: un ser único, amoroso y brillante.

¡Buena suerte en tu andar, caminante de la vida!

Primera parte

El mundo laboral del futuro

Las siete fuerzas

La tecnología ha venido no solo para quedarse sino también para transformar nuestra sociedad, nuestra vida y la forma en que concebimos el trabajo. Lenta pero constante se va extendiendo en nuevas áreas y hace que cada día nuestra forma de vida cambie un poco más. Pero hay que tener en cuenta que con ella corremos el riesgo de centrarnos aún más en lo material y en los beneficios tangibles que nos trae y olvidarnos de lo intangible, de lo humano y lo espiritual. Entre todos los avances tecnológicos, internet es el primero que está cambiando exponencialmente nuestra forma de vida.

Mi vida profesional se ha ido desarrollando junto a la tecnología, lo que me ha permitido observar esta evolución desde primera fila. Cuando estudiaba Ingeniería de Telecomunicaciones aprendí los primeros conceptos de comunicaciones y de lenguajes de programación. Durante mis años de universidad se produjo la revolución de los PC, que introdujo ordenadores pequeños tanto en la industria como en los hogares, así como de la ofimática, un mundo de aplicaciones que nos facilitaban el trabajo y que hicieron desaparecer las máquinas de escribir, entre otras cosas.

En 1993 empecé a trabajar en una empresa de tecnología. Vendíamos módems y equipos caros que permitían la conexión entre edificios a una velocidad que hoy resulta irrisoria y que requerían de un ingeniero para su puesta en marcha. En 1997 vendía módems domésticos que se instalaban solos a un precio quince veces inferior al de 1993 y a una velocidad cuatro veces superior. En 1998 empezó a popularizarse internet en España y comenzamos a vender los primeros equipos de ADSL (mismo precio, velocidad × 4 = 256 kb). En el año 2000 entré a trabajar en una empresa de fibra óptica y paralelamente comenzó una nueva revolución tecnológica que llega hasta hoy con los 100 Mb de velocidad de internet en casa (× 800 respecto a 1997). Todo se acelera.

La tecnología, con sus modelos disruptivos, está poniendo a prueba e incluso rompiendo muchos de los modelos actuales de relación entre cliente y proveedor, así como los modelos de negocio establecidos. Desde la compra de viajes y el consumo de música y vídeos hasta la cesta de la compra en el supermercado o el modo de informarse sobre las noticias diarias y la búsqueda de empleo. Por ello el mundo del trabajo se encuentra en constante redefinición.

En 1998 nace InfoJobs en Barcelona de la mano de Antonio González Barros, su hermano Nacho y un grupo de amigos que invierten sus ahorros para que esta empresa vea la luz. Mi llegada se produce el 2 de junio de 2002 como director comercial para crear un modelo de negocio escalable y hacer despegar las ventas.

En ese momento los periódicos eran el canal de comunicación exclusivo en el que se mostraba el mercado laboral. Recuerdo que, cuando buscaba trabajo, los domingos por la mañana me sentaba en casa a leer las más de setenta páginas que en ocasiones llenaban las ofertas de empleo del periódico. Era una ocupación que te llevaba horas y, en caso de no encontrar nada, tenías que esperar al próximo domingo y aguardar nuevas posibilidades. En algunas ocasiones se repetían las mismas ofertas, pues se contrataban para que se publicaran varias veces, mientras que en otras te podías perder una oferta de empleo interesante si no comprabas los periódicos ese domingo porque solo se publicaba una vez. Después venía la tarea de escribir tu currículum y enviarlo por correo postal.

Nosotros, desde InfoJobs, ayudamos a cambiar algunos conceptos de la búsqueda de empleo (un ejemplo claro de los efectos disruptivos que trae la tecnología). Las empresas podían poner sus anuncios y las personas buscar trabajo las 24 horas del día durante toda la semana. Las ofertas se mantenían activas sesenta días, con lo que se podían consultar en cualquier momento. Se ofrecían servicios que ayudaban a encontrar las ofertas más adecuadas para cada persona sin tener que leer todos los anuncios. Si alguien nos contaba sus preferencias, nosotros le ayudábamos y le enviábamos ofertas de trabajo relacionadas con lo que buscaba. Registrando tu currículum una sola vez y solo actualizándolo cuando había cambios podías apuntarte con un solo clic a todas las ofertas que querías. Era una revolución realizada desde diversos portales que trasladaron el mercado de la búsqueda de empleo del papel al mundo digital.

Hace trece años que empecé a trabajar en InfoJobs y desde aquí te contaré cómo estamos viendo el futuro y qué cosas podemos hacer para convertirnos en protagonistas de nuestro destino.

Siete tendencias principales son las que dibujarán el futuro y provocarán fuertes cambios en nuestra vida. Todas ellas están presentes en tu vida actual, incipientes como un pequeño brote recién nacido, pero con una gigantesca fortaleza y una velocidad que se abrirán paso con cada nuevo año. Estas siete grandes fuerzas son:

- Primera fuerza: Cuatro generaciones bajo el mismo techo
- Segunda fuerza: La balanza de las generaciones
- Tercera fuerza: Internet, la gran conexión
- Cuarta fuerza: El conocimiento no es diferencial
- Quinta fuerza: Un mundo transparente
- Sexta fuerza: La disrupción de la tecnología
- Séptima fuerza: El líder digital

Cada una de ellas resulta poderosa en sí misma e influye decisivamente en nuestra vida, pero además todas ellas están conectadas y se retroalimentan, por lo que produce un efecto multiplicador en su poder transformador.

Primera fuerza: Cuatro generaciones bajo el mismo techo
(El humanismo de la Generación Z transformará nuestro mundo empresarial)

Ahora mismo estamos en un momento único en la historia. Por primera vez, tres generaciones, los Baby Boomers, la Generación X y los Millennials conviven bajo el mismo techo de las empresas. Los distintos entornos tecnológicos y económicos en los que han crecido han permitido que cada una de estas generaciones desarrolle una mirada particular de la vida y del entorno laboral, confiriéndoles unos valores, unos factores motivadores y unas características propias que nos obligan a reinventarnos para contenerlos y contentarlos a todos.

En un estudio de Hudson, una compañía global de gestión del talento, titulado «El gran cambio generacional» se pone de manifiesto que existen diferencias relacionadas con la edad, la etapa de la vida o el género. Por ejemplo, los más mayores son menos ambiciosos y las mujeres están más orientadas a hacer algo por los demás que los hombres. Sin embargo, en otros aspectos las diferencias son más extremas e inesperadas, y los datos demuestran que las tres generaciones se enfrentan al entorno laboral de un modo totalmente diferente:

- Los **Baby Boomers** (nacidos entre 1946-64) poseen grandes habilidades de liderazgo tradicional. Son «líderes», «decisivos», «motivadores», «persuasivos» y «estratégicos», así como de mentalidad abierta e innovadores.

Líderes: un 34 % más que la Generación Y
Decisivos: un 28 % más que la Generación Y
Motivadores: un 28 % más que la Generación Y
Persuasivos: un 21 % más que la Generación Y

- La **Generación X** (nacidos entre 1965 y 1979) se caracterizan por ser socialmente progresistas, orientados al cambio, seguros de sí mismos y culturalmente sensibles. La Generación X representa el equilibrio frente a las características más dominantes de otras generaciones.

  Ambiciosos: un 13 % más que los Baby Boomers
  Estratégicos: un 12 % más que la Generación Y
  Orientados a personas: un 14 % más que los Baby Boomers (solo las mujeres)
  Autónomos: un 11 % más que la Generación Y (solo las mujeres)
  Persuasivos: un 15 % más que la Generación Y (solo los hombres)

- Los **Millennials** o la **Generación Y** (nacidos entre 1980 y 1994). Maestros de lo abstracto y del pensamiento conceptual. Es una generación muy ambiciosa, socialmente segura y con habilidades relacionales pero con puntuaciones más bajas que las otras generaciones en aspectos de liderazgo tradicional.

  Orientados a personas: un 27 % más que los Baby Boomers
  Ambiciosos: un 32 % más que los Baby Boomers

Pensamiento abstracto: un 12 % más que los Baby Boomers
Organizados: un 22 % más las mujeres que los hombres

La última generación en incorporarse al mercado laboral han sido los Millennials que, por su forma de concebir la vida, han abierto la puerta a tener que hacer cosas extraordinarias para poder incorporarse al mundo laboral. A diferencia de las generaciones anteriores, los Millennials están más enfocados en sacar el mayor provecho del presente, en vivir de lo que les apasiona y en buscar la felicidad en todo lo que hacen. Tienen confianza en sí mismos, están conectados con el mundo y abiertos al cambio, ya que saben que evolucionar es la clave para sobrevivir. Pero lo que los mueve es la pasión. Los Millennials quieren ejercer el control sobre su trabajo y su vida personal. Están conectados gracias a las nuevas tecnologías, quieren desarrollar nuevas ideas y proyectos ya sea por su cuenta (emprendedores) o dentro de una empresa (intra-emprendedores), y están al cien por cien más orientados hacia las personas que la generación anterior (la Generación X). Todo ello influye directamente en los estilos de liderazgo que serán necesarios para capitanear a esta generación de forma adecuada con el fin de aprovechar todo su potencial, ya que se precisará un nuevo tipo de líder y de directivo.

La Generación Y aporta al entorno laboral un conjunto de habilidades potencialmente más relevantes para el actual entorno empresarial. En primer lugar, tienen una preferencia por lo abstracto y por el pensamiento conceptual, lo que les ayuda a integrar información en un mundo dominado por los datos y a obtener conclusiones a partir de las cuales un equipo puede actuar. Ya existen claras evidencias de que aspectos como la curiosidad y la perspicacia pueden ser más importantes que las competencias técnicas y la experiencia a la hora de seleccionar profesionales con un alto potencial.

En segundo lugar, la Generación Y es mucho menos estratégica que la generación de los Baby Boomers, lo cual se refleja en el actual entorno empresarial volátil e incierto. En estos momentos es más complicado que en el pasado desarrollar estrategias empresariales a largo plazo, y los líderes tienen que ser ágiles para hacer frente a los cambios frecuentes en un mercado cada vez más competitivo.

En tercer lugar, la Generación Y es muy ambiciosa, optimista, socialmente segura y con fuertes habilidades sociales, aspectos en los que se diferencian mucho de los actuales Baby Boomers. Es probable que sean muy relacionales como líderes, y más propensos a inspirar que a persuadir.

Con un perfil nuevo que demanda una combinación de pasión, trabajar en algo que les guste, la orientación hacia las personas y ser escuchados, y que hablan de felicidad y trabajo, ¿cuáles son las claves para atraer al nuevo talento? ¿Cómo seremos capaces de retenerlo una vez se enamore de nuestra empresa? ¿De qué modo influirá en el resto de las personas con las que va a convivir en el trabajo? ¿Despertará o alimentará en los demás las capacidades únicas que trae consigo? ¿Nos quedaremos de brazos cruzados viendo las ventajas que la empresa está dispuesta a ofrecer a los nuevos talentos? ¿Están dispuestas las empresas a renunciar al talento que estas personas traen consigo con tal de no cambiar sus políticas de empleabilidad?

Para mí, la respuesta es sencilla: tenemos que humanizar las empresas poniendo a las personas en el centro, potenciando su crecimiento humano y profesional y buscando el modo de convertir sus pasiones en formas de trabajar; tenemos que convertir las empresas en espacios únicos donde las personas vengan a vivir, sentir y enriquecerse con sus compañeros.

Cuando hacemos algo que nos apasiona, deja de ser trabajo, el tiempo no importa, la motivación y la dedicación aumentan, y los resultados se vuelven extraordinarios.

Pero el camino no ha hecho más que empezar, la siguiente generación está llegando con más fuerza humanista y de transformación. En los próximos cinco años empezará a incorporarse al mercado laboral la Generación Z (los nacidos a partir de 1994) y lo que los diferencia es básicamente una cuestión de grado respecto a los integrantes de la generación anterior: querrán trabajar en algo que les guste (un 76 % frente al 50 % en los Millennials), serán más emprendedores (un 61 % declara que emprenderá si no encuentra el trabajo que desea, consecuencia lógica de trabajar en algo que les guste), la flexibilidad será para ellos una necesidad —«no gozar de equilibrio entre el trabajo y la vida personal no es una opción para la Generación Z»—, se mostrarán menos motivados por el dinero, estarán más interesados en crecer humana y profesionalmente, y más orientados aún hacia las personas (un 60 % más que los Millennials). La honestidad será la cualidad más importante que deberán tener sus líderes para seguirlos, y querrán que se les escuche, que se tengan en cuenta sus ideas y poder participar de las decisiones. ¡Cuatro generaciones bajo la misma empresa!

El camino está marcado, las organizaciones del futuro deberán ser más humanas porque es, de forma clara, lo que viene demandándose e incrementándose fuertemente en cada nueva generación (orientación hacia las personas), y a fin de cuentas esa es la única parte que todas y cada una ellas tienen en común.

Nos encontramos ante un equilibrio de capacidades, repartidas entre las diversas generaciones, que son necesarias para el desarrollo de las empresas, de modo que hemos de trabajar para que todas puedan entregar su valor único y aprovechar todas sus fortalezas.

Sin duda alguna, son necesarios nuevos estilos de liderazgo para capitanear estos equipos multidisciplinares, pues solo los líderes que comprendan a sus equipos podrán de verdad movilizarlos, crear equipos unidos y aprovechar todo su potencial. Solo humanizando a los directivos, siendo más cercanos y auténticos que nunca, lograrán la magia de conjuntar a las distintas generaciones. ¡Buena suerte!

Segunda fuerza: La balanza de las generaciones (Con un cambio de ingredientes o de proporciones, los platos no son los mismos)

En todo este proceso de múltiples generaciones trabajando codo con codo bajo el mismo techo de la empresa cabe tener en cuenta también el balance neto que cada una de ellas está aportando hoy y cómo evolucionará en el futuro.

Actualmente las empresas y los cargos de dirección están ocupados mayoritariamente por las dos primeras generaciones (Baby Boomers y Generación X) y, por tanto, predomina su manera de ver y vivir el mundo (muy persuasiva, orientada hacia los resultados y poco hacia las personas), empapando con ello al resto de los empleados y determinando un estilo de organización y de trabajo.

Pero con los años la proporción irá cambiando y se verán sus efectos gracias a distintas causas, entre ellas las siguientes:

- El cambio será muy rápido debido a la fuerte salida de Baby Boomers por jubilación, cuyos puestos serán cubiertos por gente joven. Habrá un aumento de la presencia de las nuevas generaciones (Y, Z) y un retroceso de Baby Boomers y de la Generación X —los que predominan actualmente—, convirtiéndose la nueva energía en mayoría organizacional.

  En el 2020, casi la mitad de los puestos de trabajo estarán ocupados por Millennials (entre el 41 y el 50 %). Con unas empresas y equipos de distinta composición a la actual y con una mayoría de los empleados pertenecientes a generaciones más humanistas, más solidarias y menos económicas, y que tendrán una mayor y más evidente orientación hacia las personas, la influencia de estas nuevas generaciones sobre el resto de la plantilla será mucho mayor que la actual y, por tanto, tendrán más fuerza para que las organizaciones tiendan a satisfacer esos nuevos intereses. Así pues, personas, líderes y organizaciones tenemos que empezar a prepararnos.

- La llegada de las nuevas generaciones vendrá acompañada de cambios en las condiciones que se ofrezcan para trabajar. Sin esos cambios, estas nuevas generaciones declaran que están dispuestas a trabajar como freelance.

  Para atraer al nuevo talento emergente, las empresas se flexibilizarán e introducirán en sus organizaciones a personas en condiciones totalmente distintas a nivel retributivo, ofreciéndoles participación en la empresa y beneficios entregados y permitiéndoles un estilo de liderazgo para sacar su máximo valor en la gestión.

  Esta mirada a un compañero que trabaja en «clase preferente y sentado a mi lado» despertará y fomentará estas mismas demandas por parte del resto de los trabajadores. Si hoy quieres contratar a un experto en programación IOS y te llegan chicos de entre veintidós y veinticinco años, o adaptas tu oferta a sus demandas o lo vas a tener muy difícil para encontrar a alguien de otra franja de edad.

  La cuestión no es solo enamorar al nuevo talento, sino algo aún más complejo: retenerlo para que no se marche. Sus inquietudes obligan a las empresas a realizar acciones constantemente, lo que hace más visible todavía para los demás trabajadores el cambio de paradigma en el liderazgo organizativo.

- Se producirá una promoción en la jerarquía organizativa de las nuevas generaciones, ya que pasarán a ocupar puestos de dirección o de gestión de equipos.

La forma de gestionar las organizaciones empresariales cambiará con el estilo de sus líderes, acercándose a sus ideales más humanistas e influyendo tanto en sus equipos directos como en sus colegas del mismo nivel jerárquico.

- Si observamos la curva de natalidad en España y consideramos que la edad media de incorporación al mercado laboral es de veinte años y la de jubilación de sesenta y cinco, veremos que en los próximos diez años vamos a vivir una verdadera revolución demográfica debido al hecho de que se incorporarán al mercado laboral las generaciones con menor natalidad de España (1994-98) y se están jubilando las generaciones de mayor natalidad.

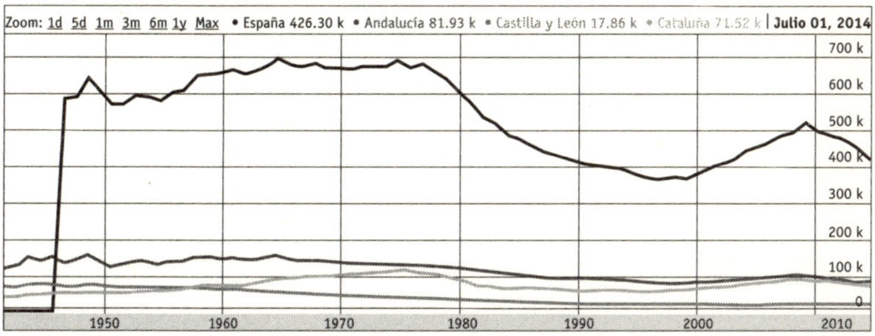

Fuente: <http://es.classora.com/reports/n434063/evolution/nacimientos-en-espana-y-comunidades-autonomas-segun-el-ine?edition=2014 &fields=>

La situación puede resumirse del siguiente modo: una vez cumplan los veinte, se incorporarán al mundo laboral 300.000 personas nuevas cada año (la Generación Z) mientras que, llegando a los sesenta y cinco años, se jubilarán unas 500.000 personas (Baby Boom). Es decir, que cada año el mercado laboral creará aproximadamente 200.000 puestos que no se cubrirán con los más jóvenes que empiezan a trabajar y que sumarán un total de 2,3 millones de puestos de trabajo para los próximos diez años.

Este espacio será cubierto mayoritariamente por los Millennials con todas sus demandas de cambio en el trato empresarial y también por inmigrantes, lo que aportará una mezcla de culturas que producirá cambios de otra índole a medio plazo. En un corto espacio de tiempo, la proporción de las distintas generaciones en el mundo laboral cambiará radicalmente pasando a estar dominado por las generaciones más jóvenes.

El cambio se producirá y, sin duda, el giro que tendrán que dar las empresas para atraer y liderar el talento de la Generación Z será importante ya que sus integrantes lo tienen claro: «Si no consigo lo que quiero, me convierto en emprendedor». Probablemente será una mezcla entre ambas opciones.

Actualmente existe en el mundo anglosajón una clara corriente de personas que ya han optado por emprender, hasta el punto de que un 34 % de los trabajadores en Estados Unidos son freelance y se prevé que lleguen al 40 % el año 2020. Esto derivará en cambios importantes en las relaciones empresariales y supondrá que crezcan las relaciones externas transformando, por lo tanto, el concepto actual de empresa en España, aún dominado por la contratación de plantillas.

Tanto los Millennials como la Generación Z poseen el perfil adecuado para alimentar, desarrollar y tal vez convertir en dominantes nuevas tendencias, como la economía colaborativa, el *coworking* o la tendencia a compartir (BlaBlaCar para automóviles, grupos de Facebook para artículos, etc.).

Eventos como el OuiShare Fest ponen de manifiesto el aumento del interés por estos temas. Así pues, es fácil imaginarse varios freelance colaborando para entregar un proyecto a una empresa. En definitiva, se trata de complementar capacidades para resultar más competitivo.

La transformación de las empresas se producirá por las fuerzas internas desatadas por personas de generaciones nuevas recién llegadas y su visión de la vida, o por una llegada importante de inmigrantes con culturas diversas, así como por el auge de las relaciones freelance. Todo ello, además de cambiar la forma de proceder y el estilo de las empresas, transformará el liderazgo en sus estructuras internas y lo que pedirán a sus empleados.

Dentro de esta fuerza también tenemos que contemplar a las mujeres. En 2020, dos de cada tres nuevos graduados en economías avanzadas serán mujeres. Ellas nos traen una energía hogareña y cuidadosa que representa la unidad. Es la energía del aspecto interno de las cosas y de ver más allá, la intuición que está relacionada con los sentimientos y con la inspiración, que busca trascender los límites del yo para conectarse con los demás. Es comunicación, una energía amorosa que alimenta lo terrenal y lo divino. Ellas, con su «mayoría absoluta» en el desembarco en el mundo empresarial, en los mandos intermedios y en la dirección, nos regalarán un poco más de impulso hacia la transformación humanista de las empresas.

Cuando más de la mitad de los puestos de trabajo en el año 2020 estén ocupados por las generaciones más jóvenes (Z y Millennials), su influencia en la sociedad será muy fuerte. Su aproximación más humanista a la vida junto a la alta demanda de servicios de internet y de tecnología harán que la empresa y la vida misma den un fuerte giro hacia la polaridad tecnología-humanidad. Solo nos faltará saber gestionarla bien.

Tercera fuerza: Internet, la gran conexión
(La tecnología nos facilitará la interconexión de nuestras personalidades y nuestras almas. Todos somos uno)

Internet, con tan solo veinte años de acceso al público en general, está revolucionando el mundo y aún es pronto para saber hasta qué punto cambiarán nuestros hábitos y costumbres, pero lo que ya es una realidad para todos es que el mundo se está volviendo transparente y las distancias tienden a desaparecer.

Hace aproximadamente cuatro años recibí la primera propuesta para trabajar desde España con equipos de desarrollo ubicados en la India. Desde entonces, China y algún otro país asiático se han sumado a esta carrera, y han ido incrementándose y profesionalizándose el número de propuestas recibidas hasta llegar a recibir prácticamente una cada dos semanas.

Lo que al principio parecía limitado al entorno tecnológico se está extendiendo a nuevas áreas y desde nuevos países. En los últimos doce meses hemos empezado a recibir propuestas de servicios relacionados con otros ámbitos de la empresa como el diseño, la atención al cliente, la externalización de las ventas, el marketing, la publicidad... Da la impresión de que no exista un límite a la hora de ofrecer servicios empresariales desde las más remotas ciudades, a precios muy competitivos y siempre apoyándose en los grandes avances que la tecnología nos ofrece. La tecnología está cambiando nuestros entornos productivos y, en consecuencia, los puestos de trabajo, porque las distancias ya no son una barrera.

Algo tan sencillo como la posibilidad de teletrabajar está transformando las relaciones dentro de la empresa y las capacidades que les pedimos a los trabajadores. Las personas que disfrutan de esta opción tienen que autogestionarse mejor, autoimponerse disciplina para no dispersarse en casa y poder ser igualmente productivos, tener responsabilidad con su trabajo y con su equipo (puede haber tareas que requieran la interacción con el equipo o apoyo), poseer automotivación y planificación adecuada de tareas (pasas a estar «solo en casa») y, por encima de todo, hay que saber mantener el sentimiento de pertenencia al equipo desarrollando una interacción recíproca menos presencial. La nueva forma de trabajar que trae consigo la tecnología nos aporta beneficios pero también nos exige potenciar el autoliderazgo.

La red de internet está permitiendo la conexión entre personas que se encuentren prácticamente en cualquier parte del mundo, aunque todavía hay retos pendientes como disponer de mayor velocidad en todas partes y terminar la cobertura terrestre, para lo cual se están desarrollando proyectos ambiciosos que se apoyan en nuevas ideas de despliegue, como el proyecto Loon liderado por Google, o el proyecto internet.org de Facebook, que pretenden dotar de infraestructura a todo el globo terráqueo.

En contraposición, también empiezan a aparecer centros de retiro y de vacaciones que se precian justamente de no tener ese acceso a internet como algo especial y diferencial. Ahora mismo estoy escribiendo desde McLeod Ganj, un pequeño pueblo del norte de la India con apenas 5.000 habitantes pero donde la mayoría de los restaurantes y hoteles tienen acceso a la red. Una vez al día repaso y contesto los mails urgentes y, si es necesario, mantengo una videoconferencia para estar presente en alguna reunión importante. Hoy podemos trabajar desde cualquier parte del planeta que posea conexión a internet.

El estado de confort y evolución de una sociedad es directamente proporcional al despliegue y la velocidad de acceso al servicio de internet. Ello ofrece, a su vez, una ventaja competitiva en formación y desarrollo, por lo que si el mundo ha evolucionado en los últimos años hacia una polarización de la riqueza, en los próximos, si no hacemos nada como seres humanos y como sociedad,* se incrementará la

* En un informe de Oxfam divulgado antes de la reunión anual del Foro Económico Mundial de Davos, en Suiza, se advertía de que los más acaudalados aumentaron su proporción de riqueza del 44 %

diferencia entre ricos y pobres. ¿Cómo afectará esto a nuestro modelo social? ¿Hasta cuándo permitiremos que la gente muera de hambre y se vea obligada a huir de su país a consecuencia de las guerras, mientras nosotros nos encerramos en nuestro pequeño entorno y no les dejamos pasar creyendo que estaremos a salvo del cambio? Todo está conectado, todos somos uno. Es el momento de cambiar las cosas.

Internet es ya una gran plataforma que nos permite estar a todos conectados. Más de 3.000 millones de personas tienen acceso, pero si solo han transcurrido veinte años desde su nacimiento, ¿qué sucederá en los siguientes cinco años, si todo se está acelerando? ¿Puede convertirse en el soporte donde todas nuestras almas estén conectadas física, emocional y espiritualmente? ¿Qué haremos para que no haya cada vez más pobres con menos posibilidades de vivir dignamente?

Tal vez una de las mayores ventajas que ha traído esta gigantesca red ha sido su capacidad de acercarnos la formación y el conocimiento, pero con ello han cambiado las normas del juego, pues su popularización hace que ya no sea un hecho diferencial. Ahora su gran poder es la capacidad de unir personas, ilusiones e intereses, aunque se hallen dispersas a miles de kilómetros de distancia, para trabajar en un mismo proyecto. La gran conexión posibilita la unión de diversos jóvenes freelance y que combinen sus

---

en 2009 al 48 % en 2014, y probablemente superará el 50 % en 2016. Los ochenta individuos más ricos del mundo han poseído la misma riqueza que el 50 % más pobre de la población mundial, es decir, 3.500 millones de personas.

fortalezas complementarias, y abre la puerta a que esta unidad, creada para competir con empresas o para ofrecer servicios a empresas, también se conecte con la experiencia de freelance sénior que aporten sus contactos y su madurez. Una nueva dimensión de relaciones competitivas es posible, y con ellas se cambian las reglas del mercado: David puede volver a vencer a Goliat.

Cuarta fuerza: El conocimiento no es diferencial (El conocimiento es condición necesaria pero no suficiente para encontrar un trabajo)

La tecnología está permitiendo acceder al conocimiento de forma masiva desde prácticamente cualquier parte del mundo. Existen más de 10.000 centros que ofrecen formación no presencial en español con más de 43.000 cursos, y para cursos en inglés la cifra resulta mucho mayor (en Estados Unidos se estima que alrededor del 46 % de los estudiantes universitarios han recibido al menos un curso online, y el 41,7 % de las compañías Fortune 500 a nivel mundial están utilizando actualmente alguna forma de tecnología educativa para instruir a sus empleados).

También encontrarás en ellas multitud de documentos PDF que pueden ayudarte en tu desarrollo, herramientas de simulación, herramientas de soporte y prácticas, podcasts o aplicaciones móviles. Todo un mundo de conocimiento a tu alcance. Plataformas MOOC, como Coursera o Foxize, han abierto la puerta para que centros y profesionales puedan compartir su conocimiento a través de la red, permitiendo acceder a una cantidad de conocimiento impensable hace escasamente diez años.

El lugar donde te encuentras ya no es una excusa para no formarte, porque la formación está a tu alcance.

Desde la aparición de los móviles con acceso a internet, los llamados «smartphones», más pequeños y económicos que un ordenador, el acceso a la red se ha popularizado al tiempo que nos ha traído tres importantes consecuencias:

- El 83 % de la población mundial accede a internet a través del móvil. Este ha permitido a millones de personas del tercer mundo conectarse a la red y, por tanto, acceder a todo su contenido. Esta tendencia se ha acelerado con la llegada de las tabletas de bajo coste.
- Los contenidos, especialmente de formación, se están adaptando a los nuevos hábitos de los consumidores, que piden conocimientos en pequeñas proporciones.
- Han llegado nuevos hábitos de consumo, ampliando las horas y los lugares donde uno puede estar navegando. Los días que voy en tren a trabajar me dedico a observar cuántos de los pasajeros de mi vagón están usando el móvil o una tableta. Algunos días he llegado a comprobar que eran más de la mitad. Ahora podemos «tomarnos» una píldora de formación de cinco o diez minutos mientras vamos en metro o esperamos a alguien en un bar.

En todas mis ponencias intento conocer algún aspecto de las personas a quienes me dirijo a través de preguntas. Esto me sirve para recopilar información y cruzarla con las peticiones de nuestros clientes, y los resultados son siempre muy parecidos. Hace pocos días estaba dando una charla en Madrid frente a un auditorio de trescientas personas, chicos jóvenes de entre veinte y treinta años, y supe que:

–Siete de cada diez (el 70 %) tenían estudios superiores.
–Ocho de cada diez (el 80 %) hablaban inglés.
–De los que hablaban inglés, casi la mitad (el 40 %) podía hablar un tercer idioma.
–Todos decían tener alguna afición en la que eran muy buenos y que les definía como personas.
–La mayoría (el 60 %) tenía experiencia en algún trabajo.

Este es un patrón que se repite en los procesos de selección que tienen las empresas: hay muchas personas muy bien preparadas y con pocas diferencias entre ellas por sus logros académicos. El conocimiento está tan cerca de todos que ha dejado de ser un aspecto diferenciador como lo era en la época de mi padre, aunque sigue siendo la base del proceso (es evidente que si estamos buscando un ingeniero o una enfermera, las personas que vayamos a contratar deben tener la formación correspondiente).

Así pues, la formación es una condición necesaria pero no suficiente. Lo mismo está sucediendo con los idiomas, las aficiones, etc. Por ello, a la hora de contratar, las empresas se enfrentan a la difícil situación de elegir al mejor candidato cualificado en función de otros parámetros. La experiencia puede ser uno de ellos y puede ser definitivo, pero en muchos casos la realidad es que no aparecen suficientes diferencias entre los candidatos finalistas. Así pues, nos queda solo un elemento: la persona.

El factor decisivo para una contratación, entre todos los candidatos que cumplen con las características formativas que se piden, tanto de idiomas como de experiencia, es el ser humano. Los valores que uno tiene y el modo en que estos encajan en la empresa, la capacidad de crear y trabajar en equipo, de ser flexible, de mostrar empatía o de autogestionarse en situaciones de presión. Estos son hoy en día los factores determinantes para que una persona sea contratada. Son las llamadas *soft skills*, todo aquello que el ser humano posee de forma intrínseca, no siempre medible, pero que nos diferencia a unos de otros, aquello que nos hace únicos e irrepetibles. Por este motivo hoy y en el futuro la capacidad de conocerse a uno mismo y liderarse es y será el rasgo diferencial para encontrar un trabajo.

Quinta fuerza: Un mundo transparente (Si no hay nada que ocultar, mi ser brilla con toda su intensidad y la paz de ser yo mismo me deja disfrutar de la vida)

Así pues, todo nuestro entorno está cambiando, y en ese sentido la transparencia es la segunda gran fuerza que se está poniendo en marcha. El nacimiento de las redes sociales, hace diez años, ha cambiado totalmente nuestro mundo, y por primera vez en la historia de la humanidad más de 1.500 millones de personas se encuentran conectadas a través de alguna red social. ¿Qué implicaciones tiene este hecho? Seguro que podríamos encontrar muchas, pero me gustaría destacar tres: conocimiento, acceso a las personas y generación de movimientos sociales en la red.

Cuando veo una charla interesante impartida por ciertas personas, o cuando voy a visitar a un cliente, o cuando me encuentro una reunión en mi agenda con alguien a quien no conozco, o… ¿qué hago? Busco información en internet sobre esas personas. Internet nos permite conocer mejor quiénes somos cada uno de nosotros. Con el simple hecho de poner el nombre de una persona en Google podemos encontrar su página en Facebook, Twitter, LinkedIn o cualquier otra red social que ofrece información de la persona en cuestión, así como cruzarla para ver si las distintas fuentes coinciden. Y no solo eso, también podemos ver toda la información publicada por entidades oficiales, escuelas, medios de comunicación… Si además esa persona dispone de un blog o de una página propia, podemos llegar a conocer mejor cómo piensa, qué le gusta, en qué es buena, etc. En el último informe de InfoJobs sobre el uso de internet y de las redes sociales para buscar información y contratar aparecían datos muy reveladores:

- Casi una cuarta parte de las empresas (el 23 %) ya contratan a sus empleados a través de las redes sociales, y hasta dos terceras partes (el 62 %) lo hacen a través de otros canales online como los portales de empleo, por ejemplo.
- Seis de cada diez empresas han tenido en cuenta el perfil digital del candidato para su contratación.

- De las empresas que contratan a sus empleados a través de canales online, una de cada tres afirma haber descartado a un candidato durante un proceso de selección debido a su perfil digital tras haber consultado principalmente Facebook (76 %) y Twitter (38 %).

El mundo se está haciendo transparente para las personas y cada vez será más complejo ocultar nuestra propia esencia porque en la red no solo aparecerá aquello que uno escribe y pone de sí mismo, intentando construir su imagen, sino que también estará todo lo que dicen amigos, compañeros o jefes de uno, y ese es el verdadero espejo. Este camino de transparencia humana debe servir para que cada uno de nosotros sea capaz de reconocer y sacar su verdadero líder interior, su autenticidad, y dejar de esconderse entre la niebla que oculta a los que son ignorados.

Esta misma red nos puede servir también para contactar tanto con personas desconocidas, algo que hace unos años resultaba imposible, así como con conocidos de los que hace tiempo que no sabemos nada. Otra cuestión es que ellos sean capaces o quieran contactar con nosotros. Hace unos años contactó conmigo Elena, mi primera pareja y una muy buena amiga; hacía treinta años que cada uno tenía su propia vida. Fue bonito reencontrarnos y contarnos cuáles habían sido nuestros caminos respectivos, y, una vez más, comprobé que la vida nos trata a todos de forma muy parecida porque, a pesar de lo que nos diferencia, en el fondo todos somos iguales. ¿Qué sucede si al buscar a alguien no lo encontramos? Es difícil que esto ocurra, porque incluso mi tía Mei, de ochenta años, tiene una cuenta en Facebook, aunque no sería imposible. En un futuro inmediato, de aquí a diez años como mucho, esta posibilidad será cada vez más remota para aquellos que se encuentren en una franja de edad comprendida entre los dieciséis y los sesenta y cinco años, porque posiblemente sea el propio Estado el que nos obligue a tener cierta información pública para poder beneficiarnos de la llamada internet de las cosas (IoT), que ahora mismo está emergiendo. Ya no hay barreras detrás de las que esconderse.

Con las empresas sucede algo muy parecido. Portales como Glassdoor son espacios donde las personas pueden publicar sus experiencias y vivencias dentro de las empresas y lo que opinan sobre estas, mientras que la empresa puede dar las explicaciones pertinentes a los hechos denunciados.

Las conexiones en las redes sociales ponen también de manifiesto los abusos o las buenas prácticas que las empresas despliegan y, sin lugar a dudas, hoy en día, antes de aceptar un trabajo, cualquiera puede buscar entre sus contactos o entre los contactos de sus contactos a alguien que le hable de la cultura, del estilo de liderazgo o de todo aquello que nos interese conocer para verificar si es allí donde uno quiere trabajar. En la actualidad ya no basta con explicar en una entrevista lo maravillosa que es una empresa, ya que las interioridades de las empresas y su día a día son públicos porque alguien los cuenta, los difunde en las redes y allí encuentra los apoyos o los rechazos de otras personas. Hoy, y cada día más, las empresas que deseen enamorar y conservar el talento tendrán que ser coherentes entre lo que ofrecen y lo que realmente son. El mundo se está haciendo transparente y nos pone a cada uno en nuestro lugar.

Personas y empresas convivirán en un mundo transparente donde no resultará fácil esconder aquello que no queremos que sea visto, donde nadie podrá vender aquello que no es y, en consecuencia, será importante saber quién es uno mismo y serlo. Se trata de una transparencia que nos empuja a encontrarnos a nosotros mismos como personas o como empresa y a ser coherentes con ello en todo momento.

Sexta fuerza: La disrupción de la tecnología (La tecnología cambiará la faz de la tierra)

La tecnología ya cambió en el pasado la vida de los seres humanos, pero en los próximos diez años la transformación será aún mayor. Ya hemos visto cómo las máquinas sustituían a las personas en las estaciones de metro para vender billetes o en las autopistas para pagar los peajes, y cómo se incrementaban los servicios a la sociedad sin necesidad de disponer de trabajadores con los cajeros automáticos o los videoclubs.

Pero ahora hablamos de un efecto mucho más poderoso. Hablamos de modelos disruptivos de negocio que ofrecen más servicios con muchas menos personas y que provocan una metamorfosis en las empresas que los adoptan, como por ejemplo Netflix con la industria del videoclub o Spotify con la industria discográfica. Estamos hablando de potentes ordenadores capaces de cubrir servicios que hoy realizan personas, por ejemplo IBM con el programa Watson, que incorpora una metodología para aprender del mismo modo que los seres humanos, y del que se dice podría ofrecer servicios como los que presta un abogado o un médico de cabecera. ¿Cómo llegará este programa a transformar esos puestos de trabajo en los próximos diez años? ¿Terminará por sustituir a estos profesionales? ¿Dónde más podrá extenderse Watson con su evolución?

Otra de las cosas que nos trae el futuro es la llamada «internet de las cosas» o IoT (por sus siglas en inglés, *Internet of Things*). A través de un chip de apenas unos milímetros colocado en cualquier objeto del hogar, del trabajo o de la ciudad, este quedará conectado para poder procesar y transmitir información constantemente. Se calcula que en el 2020, entre 22.000 y 50.000 millones de dispositivos se conectarán a internet con el fin de proporcionar a los ciudadanos una serie de servicios y aplicaciones inteligentes sin precedentes. Hoy en día, productos como las Google Glasses, los vehículos autoconducidos o los relojes conectados a internet son ya algunos prototipos que empiezan a permitirnos imaginar este futuro. El gran salto que se produce con la IoT es la posibilidad de conectar objetos y crear sistemas interconectados de forma inteligente, que toman decisiones propias basadas en la situación del sistema al que pertenecen a partir de criterios ya programados.

Imagina que todos los vehículos están conectados entre sí, regidos por un sistema común que controla su ubicación y sus movimientos; a cada instante, cada vehículo podría estar tomando decisiones para llegar al destino final programado basándose en el estado del tráfico y, en consecuencia, eligiendo la mejor ruta. Pero ese sistema común también podría controlar la velocidad de los vehículos para lograr una mayor eficiencia, incluso gestionar la distancia entre ellos para que no se produzcan accidentes. Hasta ahora es necesaria la interacción humana para la interconexión e incluso para la toma de decisiones, ya que los objetos por sí mismos no pueden tomar decisiones a partir de cálculos o sistemas programados. Esto permitirá tener una nevera que nos avise de la caducidad de los alimentos y que realice un pedido al supermercado teniendo en cuenta los horarios que hayas establecido para la entrega de la mercancía en tu casa; o un inodoro que nos haga un análisis de nuestra orina y nos recomiende la dieta más adecuada; o un cepillo que te avise de que tienes caries y te pida hora para acudir a la consulta del dentista automáticamente... Son aplicaciones de las que ya se habla, y que sin duda cambiarán por completo la forma de ver la vida.

Un universo de posibilidades se abre frente a este futuro, al igual que podemos estar cerrando muchos de los hábitos que tenemos hoy en día. Una nueva manera de vivir se está construyendo alrededor de la tecnología, y sin duda facilitará el día a día a muchas personas, pero con esa comodidad también llegará el riesgo de perder un poco más de nuestra humanidad. Cuando yo era pequeño recordaba una larga lista de teléfonos; hoy tengo acceso a muchos más gracias al móvil, pero apenas retengo en mi cerebro cuatro o cinco números. ¿He reutilizado esta capacidad de la que el móvil me ha liberado o la he perdido por comodidad?

Otro de los procesos a los que asistiremos en los próximos diez años es la robotización de nuestro entorno. Cada vez son más habituales en casa los pequeños robots que nos facilitan la vida, pero también están llegando a un grado de sofisticación tan alto que son capaces de hacernos creer que estamos hablando con humanos.

Distintos estudios predicen un futuro robotizado que transformará nuestro mundo. En un informe de la consultora CBRE y Génesis con sede en China, los expertos pronostican que en el año 2025 casi el 50 % de las ocupaciones existentes en la actualidad se habrán transformado de tal modo debido a la evolución de la inteligencia artificial que, o habrán desaparecido o habrán cambiado hasta ser irreconocibles, y requerirán de unas capacidades humanas totalmente distintas a las actuales. Ello significa que podrían ponerse en riesgo los medios de vida de muchas personas. Los datos en Estados Unidos sugieren que la tecnología ya destruye más empleo del que genera. ¿Cómo se explica, si no, que el PIB haya crecido más rápido que el empleo desde el año 2000? Según un informe de C. B. Frey y M. A. Osborne titulado *The future of employment: How susceptible are jobs to computerisation?* (2013), un 47 % del empleo total de Estados Unidos está en riesgo.

La tecnología marca hoy la velocidad de evolución, y con este nuevo salto aumentará la polarización de la riqueza. El 1 % de la población mundial acumulará más riqueza que el otro 99 % en 2016, y el sistema sigue acelerándose. ¿Hasta cuándo podremos vivir en una sociedad mundial tan desequilibrada? Lo que parece claro es que una revolución tecnológica transformará nuestras vidas. Estamos en la nueva Revolución industrial, ¿o tal vez debemos llamarla «Revolución digital»? No es una época de cambios, es un cambio de época. ¿Será capaz este proceso de robotización de crear tantos puestos de trabajo como los que destruirá? ¿Qué tipo de empleos creará? ¿No estaremos creando una sociedad supertecnificada que fomentará el olvido de nuestra propia humanidad? Se prevé que en 2020 el número de puestos de trabajo que requieran el conocimiento y el uso de tecnología (TIC) se doblará en Europa respecto al que el mercado está demandando en 2015. Se habla de «pleno empleo» para este sector y se teme que no podrán cubrirse todas las necesidades que tengan las empresas. Se abren muchos interrogantes sobre el futuro así como muchas oportunidades para hacer las cosas de otro modo.

Mi opinión es que no debemos olvidar a las personas y su humanidad, sino reforzarlas. Esa es nuestra oportunidad y nuestra obligación, porque si los acontecimientos nos empujan en un sentido, solo nosotros, siendo cada uno protagonista y líder de nuestra propia responsabilidad humana, seremos capaces de equilibrar la balanza. Lo que está en juego no es solo una vida más cómoda gracias a la tecnología, sino también una sociedad que debe cambiar y la posibilidad de ganar o perder parte de nuestra esencia como seres humanos. Es el momento de dejar de mirarse individualmente y pasar a mirarse grupalmente, universalmente. El destino está en nuestras manos, usémoslas bien.

La tecnología, con su poder disruptivo, transformará los negocios, las empresas y el modo en que vivimos.

Séptima fuerza: El líder digital
(Una gran oportunidad nace para la humanidad)

La extensión a todo el planeta de la posibilidad de conectarse a internet, nuevas generaciones entrantes nacidas ya bajo la existencia de las redes sociales y que han crecido con ellas, el acceso al conocimiento popularizado como nunca se ha dado en la historia de la humanidad, la transparencia humana y empresarial, la robotización o la IoT forman parte de toda una revolución que facilita también las herramientas para la metamorfosis que debe producirse.

Este nuevo entorno favorece la creación de movimientos nacidos y sostenidos en la red; nunca nadie ha tenido a su alcance a 1.400 millones de personas conectadas por un medio común. Hoy, más que nunca, tenemos a nuestro alcance información de cualquier parte del planeta, y si pones atención te darás cuenta de que todos nosotros estamos en la misma situación, de que vivimos momentos distintos en entornos diferentes, pero detrás de cada persona y sus vivencias hay un ser humano tratando de ser feliz y con dificultades para sobrevivir, y eso nos une a todos. Esta base común facilita que las personas se unan en movimientos. Las ideas, las palabras y las imágenes ya no tienen fronteras, solo falta que nos demos cuenta del poder que tenemos como seres humanos si nos unimos frente a las empresas, los gobiernos y cualquier medio que pretenda ponernos barreras.

Estas iniciativas, nacidas y lideradas desde el mundo digital, tienen cinco características bien definidas:

1. Su fortaleza se basa en el gran número de personas en las que impacta y con las que se comparte una misión, una visión y un sentimiento.
2. Existe una constante comunicación entre todas las personas implicadas, que está basada en la inmediatez gracias al soporte de los dispositivos móviles y que, por lo tanto, es fresca y actualizada; es muy importante para mantener y alimentar el vínculo y para renovar la información.
3. Hay un liderazgo individual y activo de buena parte de las personas implicadas, de forma que cada una aporta, toma acción, mueve y apoya a otros, y se compromete individual y colectivamente.
4. El liderazgo principal de la iniciativa es compartido: hay un líder principal que trabaja con otros, alternándose y complementándose en función del momento, para alcanzar el objetivo deseado. En definitiva, se trata de un grupo que se mueve, se retroalimenta y palpita mientras se dirige hacia un mismo destino.
5. Tiene una fuerte repercusión en nuestro mundo real, donde de verdad se desarrollan las acciones de este grupo.

En realidad, ya hemos asistido a los primeros destellos de lo que significa el liderazgo digital; situaciones como la Primavera Árabe de 2010 o las elecciones españolas de 2004 son un claro ejemplo del poder que pueden llegar a tener este tipo de iniciativas. Un ejemplo más es el movimiento del Estado Islámico (la otra cara de la moneda), en una versión más avanzada de estas ideas. Un amigo e *influencer* —o persona con gran presencia y credibilidad en las redes sociales gracias a sus conocimientos en un sector específico— que tiene una larga lista de seguidores en las redes sociales me contaba cenando que había recibido una carta de disculpa de una gran operadora de este país por el trato que le habían dado al reclamarle una factura sobre un servicio de internet del que se había dado de baja. Yo he vivido una situación parecida, y creo que todos tenemos algún conocido al que le ha sucedido algo similar. ¿Es que ahora ha cambiado el estilo de las grandes compañías o es que han comprendido el poder que tenemos las personas en internet?

Los primeros pasos nunca son perfectos, por lo que el verdadero potencial de este tipo de liderazgo solo podrá desplegarse con nuestra madurez humana y digital:

- Una madurez humana individual, basada en una fuerte conciencia y en una clara visión colectiva, para que cada uno pueda ser líder de sí mismo, de su vida, de sus decisiones y de sus acciones. Y una madurez grupal para crear organizaciones formadas por personas maduras y conscientes individualmente, personas comprometidas con el grupo y su movimiento, preocupadas por sus integrantes y que, a su vez, sientan que el grupo cuida de ellas. El grupo siempre es más fuerte que el individuo, y solo con las acciones conscientes de grupos conscientes podremos cambiar las cosas.

  La combinación de estos dos tipos de madurez permitirá la aparición de líderes humanistas capaces de inspirar causas que muevan a las personas mental y emocionalmente. Asimismo, estos líderes podrán manifestarse de forma física y caminar al lado de otras personas para mostrar el camino en el mundo real, siendo un faro para que otros los sigan.

- Una madurez digital en la presencia y uso de las redes —ya que hoy aún somos como niños que estamos aprendiendo a andar— para poder inspirar, crear, alimentar y desarrollar digitalmente las conexiones entre las personas que compongan el movimiento.

Para eso es fundamental eliminar los miedos individuales y empezar a vivir desde la abundancia, el amor y la conciencia de que todos somos uno (modelo colaborativo), dejando de lado el modelo de escasez y competitividad desde el que nos manejan las organizaciones actuales. Abriéndonos a la confianza hacia el otro se crearán grupos fuertes con un propósito poderoso y capacidad para cambiar el mundo.

¿Qué sucedería si una buena parte de los ingenieros industriales licenciados en los últimos tres años y apoyados desde las propias universidades y sus estudiantes decidiesen que no aceptan puestos de trabajo como becarios no retribuidos? ¿Cómo se resolvería la situación si buena parte de los trabajadores de un sector muy pequeño demandasen un mejor horario para una mejor conciliación familiar? ¿Qué pasaría si este colectivo lo consigue y nosotros no? ¿Qué harías si supieras que ciertos perfiles en tu empresa tienen unas condiciones distintas a las tuyas en horario o en beneficios?

Parte de todo esto ya sucede. Hoy en día, cuando buscas un buen programador de IOS, te llegan chicos jóvenes cuyos factores motivadores y demandas en temas como horario, participación, proyección o escucha pueden ser radicalmente distintos a los nuestros. Ellos eligen dónde quieren trabajar. ¿Te vas a quedar cruzado de brazos? Este movimiento desplazará el poder de las empresas o gobiernos basados en la incomunicación y el miedo hacia las personas, su humanidad, su amor y su confianza. ¿Recuerdas cómo cambió el mundo con la Revolución francesa? Ahora es tu oportunidad, pero si quieres un cambio, tú debes ser parte de este cambio.

¿Dónde nos llevan las siete fuerzas?

Como has podido comprobar, las siete fuerzas («Cuatro generaciones bajo el mismo techo», «La balanza de las generaciones», «Internet, la gran conexión», «El conocimiento no es diferencial», «Un mundo transparente», «La disrupción de la tecnología» y «El líder digital») son realmente poderosas y, si te fijas bien, seguro que ves que muchas de ellas ya están afectando a tu vida.

Cada una de ellas es un fuerte agente de cambio por sí misma, pero cuando entre ellas se retroalimentan a través de los intereses o hábitos que conllevan, el resultado final es un verdadero tsunami. Es vivir el cambio en el cambio de forma permanente. Tendremos nuevas maneras de crear y de pensar, nuevas maneras de producir y de consumir (de la economía capitalista individual a la economía del bien común), nuevas maneras de vivir y trabajar (de competir a compartir + competir = coopetir), nuevas maneras de hacer negocios.

La mayoría de las siete fuerzas se fortalecen entre sí, de modo que su efecto individual es más intenso y más rápido, y provocan también la aparición de fuerzas combinadas que aceleran el cambio (nuevas generaciones más digitales-Internet, Internet-Transparencia, IoT-Internet, etc.).

Algunos de los efectos de retroalimentación que tienen las siete fuerzas entre ellas son:

- Aumentar la conexión a internet significa que aumenta la transparencia, posibilita líderes digitales más fuertes, favorece a las nuevas generaciones —mucho más digitales que los Baby Boomers— y favorece el conocimiento. Esto significa que los conocimientos ya no serán el hecho diferencial por el que te contratarán, aunque esto no significa que no los necesites.
- Las nuevas generaciones demandan mayor conexión a internet, escuchan con otros oídos a los líderes digitales, están encantados con la evolución tecnológica y la IoT, son más transparentes en las redes sociales… Todo ello se verá acelerado por el aumento de la presencia de las nuevas generaciones en la sociedad y en el mundo empresarial.
- IoT & Robotización: exigirán redes de internet mejores y más rápidas, dotarán de herramientas a los líderes digitales para realizar sus acciones en el mundo real, aumentará la transparencia, enamorará a las generaciones jóvenes y a las que están por nacer.
- La transparencia creará o destruirá líderes digitales, exigirá redes de internet potentes (de hecho, los impulsores del despliegue, Google y Facebook, son los reyes de internet, favoreciendo con ello su propio negocio y dominio).

Veo el futuro como una gran lucha entre tecnología y humanidad. La tecnología aporta, a quien la posea, comodidad, acceso a la educación, acceso al conocimiento —que a su vez se retroalimenta con la tecnología y produce más evolución—, mejores servicios sanitarios y un sinfín de ventajas. Pero también genera fuertes diferencias entre quienes tengan acceso a ellas y quienes no lo tengan, genera fuertes cambios de comportamiento y nuevos hábitos, acelera al ser humano y puede llegar a poner en peligro su humanidad, genera dependencia y una falsa sensación de control y seguridad:

- Fuertes cambios de comportamiento: si hoy tengo un GPS en el coche, el acceso a cualquier calle es mucho más fácil. Hace unos años ser taxista en Londres requería estudiarse las calles y las zonas empresariales para poder circular con facilidad. Hoy la tecnología suple este conocimiento. Antes, sin duda, los taxistas estaban obligados a ejercitar su memoria, ahora la tecnología nos ha liberado de una parte de esa responsabilidad, así que deberíamos aprovechar ese tiempo y la capacidad liberada de nuestro cerebro para crecer como seres humanos. No deberíamos perderlo todo con el ocio, que nos entretiene pero no nos ayuda a desarrollarnos.
- Acelera al ser humano y puede poner en peligro su humanidad: el móvil llegó con la promesa de facilitarnos el trabajo, pero hoy estamos conectados las 24 horas y las barreras han desaparecido. Da la impresión de que algunas personas no pueden vivir sin estar informadas al instante de lo que sucede. Solo

hay que fijarse en los transportes públicos o en la calle, donde hay personas que caminan mientras interactúan con el móvil; o en una comida familiar, donde cada persona está usando su móvil y apenas se hablan, perdiéndose así la vida real del «aquí y ahora». Si tenemos una mayor conciencia individual, nos acercaremos a vivir el instante presente y reconoceremos nuestro entorno. Desde esa conciencia soy capaz de decir «No», de poner límites a la distracción y desunión que puede llegar a crear la tecnología. Maduremos para usarla de modo que no vaya en detrimento de las relaciones y de las personas.

- Genera dependencia: tengo amigos que se escandalizan cuando les explico que me voy solo al bosque a pasear o a recoger setas y no me llevo el móvil, pero desde pequeño siempre lo he hecho así, para mí no es un problema. Tanto cuando nacemos como cuando morimos, llegamos y nos vamos solos; aprendamos a conectar con nuestra esencia interior, allí está la verdadera fuerza que ningún elemento externo puede darnos.
- Falsa sensación de control y seguridad: desde hace años viajo a la India en verano y al volver veo con más claridad que nuestra sociedad occidental está basada en una falsa creencia de control y seguridad, y eso nos hace sentir bien. Evidentemente, la tecnología, los datos y la información ayudan, y en muchos casos nos permiten anticipar situaciones (el tiempo, los atascos, las enfermedades...), pero la vida se juega todos los días, tiene infinidad de factores y no sigue reglas fijas. Después nos extrañamos cuando alguien muere

repentinamente o cuando se produce una curación no prevista. En la vida también cabe el factor sorpresa, no lo olvidemos.

En mi humilde visión, estos cambios también generan una GRAN oportunidad para el desarrollo humanista de las personas, por lo que es fundamental ser consciente de ello y aprovecharlo, sin dejarse llevar por las múltiples distracciones que esta sociedad nos ofrece. Al final lo importante es saber CÓMO y PARA QUÉ se usarán estos avances, porque, ciertamente, todo nos acerca al ser humano, a los métodos para encontrarse uno mismo, para desarrollar nuestro espíritu, nuestra bondad y nuestro AMOR.

Sin duda, aparece dibujado un camino que lleva a la transformación de las actuales organizaciones empresariales y sociales y que forzará a las personas a dar un paso al frente para ser más líderes que nunca de forma individual y para crear con el corazón abierto nuevas relaciones grupales. Pienso que empresas y trabajadores hemos de buscar el camino para encontrarnos y relacionarnos de otra forma. Los grandes arquitectos del cambio son las siete fuerzas, pero los verdaderos protagonistas y responsables últimos somos nosotros, las personas, los seres humanos que llevamos dentro. Ahora podemos elegir si será una revolución tecnológica que aplaste y distraiga la humanidad de las personas y desequilibre todavía más nuestra sociedad y nuestro mundo, o una revolución humana basada en la tecnología y que cree nuevos equilibrios con el corazón. La decisión y el futuro están en nuestras manos. Yo ya elegí mi camino cuando me propusieron como director general de InfoJobs: tomé el camino del corazón.

SEGUNDA PARTE

Eres dueño de tu destino: la transición hacia uno mismo

Yo ya empecé a andar el camino

Siempre me he sentido afortunado por trabajar en una empresa de internet. Pero especialmente porque se trata de una empresa creada en Cataluña por pequeños inversionistas, con una historia propia que cambia la vida de muchas personas y que transforma el sector con su actividad y con resultados tangibles de nuestro trabajo, y que además tiene como misión «ofrecer a todas las personas el mejor empleo posible».

Al llegar a InfoJobs descubrí un mundo nuevo cuyos interlocutores eran básicamente mujeres, formadas muchas de ellas como psicólogas, y donde se hablaba sobre todo de personas. Y más concretamente, de la búsqueda de personas para cubrir puestos de trabajo, de sus capacidades profesionales, de sus anhelos y de sus caracteres humanos. Así pues, el trato era muy distinto a mi anterior experiencia (totalmente tecnológica).

Mi primer año en InfoJobs puso de manifiesto que los cambios que tenían lugar en nuestro sector y, por tanto, en nuestra empresa eran muchísimo más rápidos que los que se producían en mi etapa anterior. Ahora nosotros probábamos, cambiábamos, tirábamos cosas para empezar de nuevo, crecíamos a un ritmo vertiginoso que nos obligaba a remodelar la organización cada año, etc. Cuando mantenía conversaciones con amigos que trabajaban en otros sectores sentía que mi mundo laboral se movía a una velocidad cinco o diez veces superior a la suya, y que todo lo que me sucedía, con el tiempo, se repetía en su entorno.

De alguna forma siento que ya he empezado a andar el camino que nos depara el destino dibujado por las siete fuerzas, porque algunas de ellas son parte de la vida diaria en InfoJobs desde hace mucho tiempo. Por ejemplo:

- Cuatro generaciones bajo el mismo techo: en nuestra plantilla se encuentran todas y cada una de ellas, lo que nos ha llevado a escucharlos, comprenderlos y buscar fórmulas con las que enamorarlos para que quieran trabajar con nosotros y deseen continuar a nuestro lado.
- La balanza de las generaciones: nuestra organización ya tiene una importante proporción de Millennials y Generación Z. Debido a las fuertes demandas de nuestro sector y a la rápida evolución que sufre constantemente, solo las generaciones más jóvenes aportan conocimiento en las últimas tecnologías. También somos una empresa con mayoría de mujeres, con fuerte representación en todas sus capas.
- Internet, la gran conexión: nuestro negocio vive, desde el primer día, sobre la gran red, por ello estamos sometidos absolutamente a todos sus caprichos.

- El conocimiento no es diferencial: como empresa, decidimos en 2005 que los conocimientos son imprescindibles para desarrollar un trabajo (aptitud), que queremos a los mejores pero que contrataríamos a aquellos que, con las aptitudes necesarias, trajesen actitudes y valores humanos alineados con los nuestros.
- Un mundo transparente: nuestros clientes, sean empresas o personas en busca de trabajo, llegan a nosotros a través de internet, así que en 2010 empezamos nuestra andadura en las redes sociales para escucharlos mejor, para darles respuestas y asesoramiento y ayudarlos en la tarea de buscar trabajo.
- La disrupción de la tecnología: a lo largo de los trece años que llevo en InfoJobs no han pasado períodos de más de dos años sin tener que afrontar un reto importante en tecnología, llámense distintos lenguajes de programación, nuevas tecnologías en bases de datos, tecnologías móviles (GSM que trajo los mensajes SMS, GPRS con el acceso a internet de baja velocidad), programación de apps (IOS, Android) o la aparición en el mercado de las tabletas iPad o los Apple Watch. Constantemente estamos sometidos a cambios disruptivos que nos obligan a buscar a los mejores profesionales, normalmente personas muy jóvenes, por tratarse de lo «último en tecnología». Es la personificación del cambio en el cambio.

Desde esta atalaya que cada día respira el mercado laboral, capaz de agregar el conocimiento que se recoge de miles de interacciones —con las que se dan todos los días en nuestra empresa—,* de analizar tendencias, de sentarse con directores y profesionales de los recursos humanos para escuchar desde su propia voz lo que piden las empresas, o de interactuar con las personas que buscan trabajo para comprender qué demandan, desde esta privilegiada posición vemos para el futuro del mercado laboral un huracán de transformación y que el ser humano con su trabajo y actitud es, y será más que nunca, el dueño de su propio destino. Pero ¿cuál es nuestra situación actual en el mundo empresarial? ¿Están todas las cosas en su lugar? La verdad es que no, algo está roto.

* Durante el año 2015 se han publicado en la web de InfoJobs 1,8 millones de vacantes en España, que han sido consultadas por 3,5 millones de personas únicas y que han generado más de 100 millones de ilusiones (inscripción a una oferta). Esperamos entregar entre 0,9 y 1 millón de alegrías (contratos realizados tras depositar la ilusión en las ofertas publicadas en InfoJobs). En el mismo período de tiempo, el equipo humano de InfoJobs realizó más de 9.000 visitas a las oficinas de nuestros clientes y más de 300.000 llamadas a empresas y, a través de workshops presenciales, llamadas y respuestas online, se contactó directamente con más de 40.000 personas que buscaban empleo.

Algo está roto en la empresa

En el pasado, en un escenario de crisis, hemos visto como las empresas avanzaban en una clara dirección para que los trabajadores se comprometieran con la compañía, para que fuesen capaces de entregar su mejor valor, a cambio de un salario cada vez más ajustado. El miedo, la desconfianza y la presión han sido las herramientas utilizadas para lograr sus fines. A raíz de la crisis, las exigencias empresariales crecían demandando más horas de trabajo, entrega y consecución de resultados mientras disminuían los salarios. La posibilidad de disponer de talentos sin trabajo en el mercado laboral ha llevado a muchas empresas a ofrecer salarios más bajos para ocupar puestos similares a los que ya tenía cubiertos generando así un desequilibrio.

Algunas de estas empresas incluso han llegado a tratar como meros objetos a las personas que depositaban toda su ilusión en conseguir un trabajo nuevo: «Esta es mi propuesta, si no te parece bien hay mucha gente en paro dispuesta a aceptarla». Ha habido sectores, como el tecnológico, en los que los salarios han experimentado una subida notable porque era más rentable ofrecer más dinero a una persona que ya estaba trabajando, y comprarla con un cheque, que definir políticas claras de desarrollo, lo que ha llevado al sector a una promiscuidad importante basada en el «todo se puede comprar».

En el otro lado de la balanza, las personas demandaban un trato más humano en el proceso de selección y dentro de las empresas. La crisis llevó a despedir a muchos y muy buenos profesionales, a trabajadores, mandos intermedios y directivos. Todos ellos se encontraron de repente inmersos en el proceso de buscar un nuevo empleo en tiempos de crisis, algo que muchos de ellos habían olvidado o ni siquiera habían vivido (la última crisis en España data de 1993).

Pedían tan solo que se les respondiera, que se les diese información sobre su descarte en el proceso de selección para poder prepararse y llegar con más oportunidades la próxima vez, es decir, una bocanada de esperanza. Los que seguían trabajando, pedían simplemente un trato y una mirada más humana y más considerada. Para muchos directivos esta vivencia ha sido una oportunidad para conectar consigo mismos, para sentir desde el corazón y mirar el mundo laboral con mucha más humanidad. Conozco algunos de ellos que ya se han reincorporado y todos tienen en común el hecho de que ahora intentan hacer las cosas de otro modo, sin caer en los errores del pasado y aportando a la empresa una humanidad que parecía perdida.

El diario estadounidense *The Washington Post* publicó en 2013 los resultados de un estudio a nivel mundial donde se mostraba que el 63 % de los empleados no están motivados para acudir a sus puestos de trabajo y no están dispuestos a ofrecer un esfuerzo extra por la empresa. El 24 % manifestó sentirse «verdaderamente infelices y poco productivos en sus trabajos».

Los estadounidenses no son los únicos que ponen de manifiesto que hemos de cambiar las cosas en las empresas, también los empleados españoles desconfían (en un 59 %) del trabajo que desarrolla la alta dirección de su empresa.

Esta es una de las conclusiones, en relación a nuestro país, extraída de «Global Workforce Study 2014» y «Talent Management and Rewards 2014», realizados por la consultora Towers Watson, a través de una encuesta a más de 32.000 profesionales y 16.000 organizaciones, en 31 países de todo el mundo. Esta investigación pone de manifiesto la crítica valoración que recibe la dirección por parte de la plantilla, y sitúa la confianza en ella y en el supervisor o jefe directo como los principales factores que determinan el compromiso de los empleados en la compañía. Otro de los resultados que arroja el «Global Workforce Study 2014» es que tan solo el 28 % de los empleados considera que la dirección tiene un interés sincero por su bienestar —porcentaje menor respecto a los resultados de 2012—, mientras que únicamente la cuarta parte asegura que la dirección se preocupa por desarrollar a los directivos futuros. Además, dos tercios de los empleados consideran que sus jefes no valoran correctamente su rendimiento en las evaluaciones de desempeño profesional. La dirección también obtiene mala nota en comunicación, ya que apenas un 43 % dice creerse la información que recibe de ella.

Si los trabajadores son los que han de hacer productivas y valiosas a las empresas y las empresas no ofrecen lo que los trabajadores esperan, es que algo está roto. Nos hemos convertido en máquinas que simplemente van a su puesto de trabajo, sin motivación, para realizar una serie de acciones por las que esperamos un pago y volver a nuestra vida para intentar disfrutarla. Eso es imposible, nuestro YO personal y profesional es el mismo: si en uno de los lados estamos insatisfechos, el otro se resiente. ¿Cómo vamos a vivir la vida plenamente si ocho de las dieciséis horas que estoy despierto —sin contar el tiempo de desplazamiento al trabajo— no soy feliz? Y las pobres empresas siguen creyendo que la forma de lograr mejores resultados es con el miedo al despido, con la presión, con el «ordeno y mando». Si escuchasen más a las personas que trabajan con ellos, si las comprendieran un poco, se darían cuenta de lo lejos que están de la verdad. Pero si queremos cambiar algo, hemos de empezar por nosotros mismos como individuos, conociéndonos mejor, despertando la conciencia, preocupándonos por los demás y no solo por nosotros (menos egoísmo y más altruismo). Seguro que has escuchado alguna vez eso de: «La empresa no me escucha, no puedo hacer nada, estoy harto de mi trabajo, me siento desmotivado…»; ese victimismo e inmovilismo nos ha llevado a la situación actual, pero nos gusta estar donde estamos. Deja de pensar que los demás son los culpables de tus desgracias y que ellos te lo solventarán.

Tampoco para los directivos y mandos intermedios la situación es fácil. La firma especializada en consultoría de negocio y búsqueda y evaluación de directivos y consejeros Odgers Berndtson presentó en marzo de 2015 los resultados del informe «La visión de los CEO 2015-2020: 30 piezas para SUPER-vivir», donde se recogen los resultados del proyecto de investigación realizado entre más de 300 altos directivos de grandes empresas, de 16 subsectores, tras un extenso trabajo de campo desarrollado entre septiembre de

2014 y marzo de 2015. En este informe se plasma el perfil del CEO de la empresa española en el período 2015-2020: un «SuperCEO» con mente brillante, corazón sano, cuerpo en forma e imagen impoluta. Un perfil humilde y cercano, atento a las demandas de sus colaboradores. Tendrá que profundizar, aunar o desarrollar «Superpoderes» para gestionar las transformaciones que se avecinan en las compañías. Además, será una persona con una ética intachable y coherente con todo lo que diga y haga. La gestión de la soledad será vital y tendrá que mirar al futuro con optimismo y con ganas de aportar cosas a la sociedad y a la ciudadanía.

Ni trabajadores, ni mandos intermedios, ni directivos, ni las propias empresas parecen muy satisfechos con su realidad actual. Las exigencias del guión que escriben las siete fuerzas parece que nos llevan a tener que replantearnos muchas cosas y a encontrarnos. ¿Quién debe dar el primer paso para el cambio? Para encontrarse, ambos tienen que andar su trecho. Yo creo que ambas partes tienen un punto de encuentro, simplemente se han equivocado en la fórmula que han aplicado hasta ahora; si los directores generales se dan el permiso de conectar con su ser interior, con la parte humana que todos tenemos, el encaje de ambas partes se puede lograr.

También los trabajadores, la otra parte de la ecuación, deben hacer su labor; las personas tienen que desarrollar el líder interior que todos tenemos, abrir su corazón y darse la oportunidad de ver la empresa con otros ojos. En InfoJobs lo hemos llevado a cabo con éxito. Ahora es el momento de que cada uno, trabajador, directivo o mando intermedio, tome las riendas de su propia vida y escriba su destino. Mi propuesta es lo que yo llamo «liderazgo humano».

Liderazgo humano

(Cómo los directivos, mandos intermedios y otras personas se acercarán a su misma esencia)

Seguramente encontrarás muchas y diversas formas de intentar expresar lo mismo: liderazgo positivo, liderazgo transformacional, liderazgo consciente, etc., mil y una formas de expresar una nueva manera de gestionar organizaciones empresariales. La expresión que nosotros hemos usado en InfoJobs es «liderazgo humano», porque la palabra en sí me habla de emociones, de lágrimas y risas, de ilusiones, de esperanzas y miedos, del ser humano que hay detrás de cada trabajador y de la oportunidad de trabajar viendo a las personas como seres únicos y no como recursos. Pero no importa la expresión, lo que verdaderamente importa es su contenido.

El liderazgo humano empieza en la persona, con cada uno de nosotros, y se aplica e incluye a todas las personas, independientemente del papel que desempeñemos en las empresas o fuera de ellas, del estado o del sector de la empresa, de cómo sea tu jefe y de cualquier situación externa. Solo depende de ti mismo. Es una forma de sentir y vivir la vida.

Observa como todos los cargos de las empresas son, antes que nada, personas. Esto es lo único que les pertenecerá durante toda su vida; los cargos son efímeros y circunstanciales, la humanidad intrínseca no lo es. Este es el motivo de que incluya a todos. Cada uno tendrá que desplegar una parte distinta del camino a recorrer para que logren encontrarse empresa y trabajadores; personas, en definitiva.

La parte que nos une a todos es nuestra conciencia humana; así pues, este es el primer paso que cada uno debe trabajar para florecer por sí mismo, tomando la responsabilidad individual de sus acciones y de su realidad de vida. Como seres humanos tenemos emociones, aprendamos a reconocerlas y gestionarlas adecuadamente. Abrámonos a la compasión. El liderazgo humano es conciencia, gestión de las emociones, compasión, AMOR verdadero por tus semejantes.

En este caminar de la empresa, los primeros en aplicar el liderazgo humano deben ser sus líderes, porque ellos son los que dirigen el barco, ellos son el espejo en el que se mira toda la organización, y su ejemplo es importante para que otros decidan recorrer el mismo camino. Ellos son los que posibilitan el liderazgo humano a nivel de organización. Esto no significa que sin los «jefes» tú no puedas empezar tu liderazgo humano, tú eres dueño de tu destino, asume tu responsabilidad y empieza.

Los directivos desarrollan el liderazgo humano cuando inspiran a la organización y sirven de ejemplo a sus mandos intermedios, cuando se preocupan e interesan realmente por todas las personas de la organización y por el bienestar de estas, cuando asumen su propia responsabilidad en los resultados que tiene su organización, cuando escuchan las sugerencias y toman acción, cuando reconocen sus errores y sus aprendizajes, cuando anteponen el bien común por encima del propio, cuando son cercanos o cuando apoyan las acciones de sus equipos, y, en definitiva, cuando son más humanos que nunca. El gran reto de los directivos consiste en liderar desde el corazón con las nuevas herramientas que ello trae consigo y abandonar los viejos hábitos, empoderando a las personas y desarrollándolas, animándolas en vez de atemorizarlas con un despido, logrando que trabajen juntas en vez de compitiendo entre ellas. El verdadero líder está para servir a todas las personas que forman su organización, a las que dirige hacia un destino en un solo barco. Ellos deben ser los primeros en regalar, en entregar a los demás, antes que empezar a pedir.

Los mandos intermedios de las organizaciones se sienten muchas veces atrapados entre dos mundos, y con el liderazgo humano esta sensación se diluye e incluso puede llegar a disiparse. Su labor es fundamental, ya que, al fin y al cabo, son los que deben recoger la inspiración de la dirección y, tomando su propia responsabilidad y liderazgo, buscar el camino adecuado en el que se tenga en cuenta a las personas. Su liderazgo humano consiste en desempeñar un papel parecido al de los directivos pero aplicado a su propio equipo, siendo honestos consigo mismos y con las personas que tienen a su cargo, siendo capaces de pedir apoyo a sus superiores, o trabajando en favor de los resultados de la empresa y no de los suyos propios. Ellos tienen que elevar la mirada para comprender que lo importante es que el barco entero (la empresa) llegue a buen puerto, y por ello su división, área o equipo debe trabajar lo mejor posible para lograr este propósito, que da sentido a toda la empresa. En esa labor es importante que pidan a sus responsables que les dejen ocupar el lugar que les corresponde, que les dejen espacio para equivocarse, aprender y desarrollarse.

Las personas que no gestionen personas en el trabajo que desempeñan, despliegan el liderazgo humano siendo líderes de sí mismos, gestionando sus emociones para no perderse en ellas, escuchando activamente, haciendo las cosas lo mejor que pueden y poniendo toda su ilusión en ello, cuidando a las demás personas y a su entorno, sin esperar ninguna recompensa por sus acciones (altruismo), aportando, comunicando abiertamente sus necesidades, y pidiendo a sus responsables que ocupen el lugar que les corresponde.

El liderazgo humano puede desplegarse a nivel individual (persona), grupal (equipo, área o división), relacional (entre personas o grupos) y sistémico (toda la organización). Cuanto mayor sea su alcance, mayor será la fortaleza de la empresa.

Todo ello implica mover a las organizaciones del paradigma del miedo al del AMOR, de «el objetivo es lo que deben traerme las personas» a «con las personas logro el objetivo». Pienso que las organizaciones del futuro que quieran tener éxito deberán incorporar en menor o mayor medida el liderazgo humano, o encontrar nuevas fórmulas que hoy no soy capaz de ver, para sobrevivir a las siete fuerzas.

Las organizaciones del futuro

Las organizaciones del futuro que quieran tener éxito deberán contar con las personas y ofrecer formas nuevas desde el punto de vista cultural y organizativo. Formas que faciliten la relación humana entre las personas que la componen, que potencien el trabajo en equipo y el desarrollo del liderazgo individual. Las empresas deberán transformarse y dejar de ser espacios donde las personas van a trabajar y ganar un salario para convertirse en una parte relevante de su vida donde desarrollarse humana y profesionalmente. Las organizaciones dejarán de estar basadas en el «yo ordeno y tú obedeces y haces», y pasarán a pedir la participación activa y valiosa de cada uno para que cada cual aporte su valor intrínseco.

Se incrementará el trabajo por proyectos, contando con personas tanto internas, que crearán organizaciones temporales adaptadas para desarrollar esos proyectos, como externas a la propia empresa (*free lance*), que con una relación contractual temporal se unirán para aportar su valor al desarrollo del proyecto. Los proyectos podrán tener distintas duraciones, y lo que resulta evidente es que exigirán a las personas unas capacidades específicas:

- Mayor flexibilidad, por el cambio de funciones y roles que puede darse en cada uno de los proyectos.
- Mayor capacidad de interacción con distintas personas; puesto que no siempre se trabaja con las mismas personas internas o externas a la empresa.
- Mayor liderazgo propio y automotivación; el liderazgo compartido exigirá que cada uno sea capaz de autogestionarse, e incluso habrá momentos en los que tendrá que liderar al grupo.

Los equipos se organizarán alrededor de personas de mucho talento facilitando así la adquisición de conocimiento y la vivencia de experiencias directas con esas personas, que harán crecer a todos los que las rodean. En un círculo claro de cambio, los equipos morirán al terminar un proyecto para renacer en una nueva disposición en el siguiente proyecto. Estos cambios permitirán enriquecerse y crecer alrededor de distintas personas con talento.

El cambio que demandan las nuevas generaciones y los nuevos tiempos es pasar de trabajar a vivir el trabajo, una revolución para las empresas pero también para la vida privada de cada individuo, unificando así dos mundos que hoy, en muchos casos, se encuentran disociados. Al unir ambos «mundos», la unicidad del ser humano es potenciada y se facilita el desarrollo hacia una sociedad más igualitaria. Las nuevas generaciones también piden que se les tenga en cuenta y se les escuche, lo que generará organizaciones donde las decisiones se tomen de forma conjunta y se den liderazgos compartidos, cambiantes en función de la fase del proyecto.

Los niveles jerárquicos se reducirán, creándose organigramas más planos que faciliten el acceso de más personas a la dirección general o a los directores, que deberán ser «más humanos». El contacto humano dentro de las organizaciones empresariales será muy importante. Con organizaciones planas las responsabilidades se encuentran más cerca de la dirección general, se distribuyen por tanto entre más áreas y se reduce el número de niveles y de mandos intermedios. Con menos escalafones, los mensajes de la dirección se distorsionarán menos, se unificará la visión de todas las personas de la empresa y se agilizará la ejecución de las acciones. Las últimas tendencias en organizaciones hablan de «organizaciones líquidas» o de «holocracia», que reflejan muchos de los conceptos de los que hemos hablado, pero demos el primer paso antes de saltar al vacío.

Los cambios se producirán a distintas velocidades, dependiendo del sector en el que se trabaja, del puesto de trabajo en sí mismo y de la ubicación geográfica y competitiva de la empresa. Por ello es importante comprender que cada uno debe hallar su propio camino, su propia fórmula, ya que no hay manuales generales de aplicación a replicar, sino bases «filosóficas» que comprender y sobre las que encontrar nuestras propias respuestas.

Al mirar hacia atrás me doy cuenta de que en InfoJobs empezamos a dar muchos pasos que nos sirven para comprender el futuro que acabo de dibujar. No son perfectos y nos equivocamos muchas veces, tampoco son el único camino, pero han funcionado y nosotros somos la prueba, y tal vez te sirvan de inspiración para definir el tuyo.

Mi experiencia en InfoJobs

Cuando tomé la dirección de la empresa en junio de 2010 no tenía ninguna experiencia como director general, había liderado equipos pero nunca desde esta posición, con este tamaño y con tanta variedad de perfiles y áreas a gestionar. La crisis nos estaba golpeando fuerte, las personas que formaban la compañía estaban inquietas e inseguras y temían por su futuro y el de la empresa, así que decidí darle forma desde mi corazón para saber qué hacer y cómo hacerlo. Este es el camino que seguimos en InfoJobs para conectar a las personas y la empresa desde un lugar alternativo, y funciona.

Voy a empezar explicando cómo veo personalmente la empresa. Para mí la empresa es una parte muy importante de mi vida, por la cantidad de horas que invierto en mi lugar de trabajo (entre ocho y diez horas de las dieciséis que estoy despierto todos los días), porque me proporciona el dinero para poder vivir y porque es un espacio donde me relaciono con personas que yo no he elegido (la magia de la vida, como dice una amiga: «lo que viene me conviene»). Por tanto, la empresa, bajo mi punto de vista, debe suponer lo siguiente:

- Debe proporcionarme un crecimiento profesional: debo aprender cosas para ser mejor profesional, desarrollando conocimientos y/o habilidades que me hagan ser más «empleable» el día que abandone la empresa. Esto es parte del pago que la empresa me da, el regalo de aprender. Esto no significa solo hacer cursos, que también, sino avanzar con mi propio trabajo y el entorno que este me proporciona.
- Tengo que pasarlo bien trabajando: disfrutar de lo QUE hago, poder reírme y vivir el trabajo que realizo. Siempre me ha gustado ir a vender a la calle, visitar clientes me hacía sentir libre y vivo, el hecho de salir de la oficina me permitía sentir el calor del verano, oler la primavera o mojarme con la lluvia del invierno. Además era una buena oportunidad para conocer empresas. También tengo que disfrutar del CÓMO lo hago, el estilo que se me pide y que emana la empresa con los valores que tiene y con el trato diario deben ser los míos o estar muy cercanos. Si no es así, me siento un extraño forzando mi ser para poder trabajar allí.
- Tiene que ser un espacio rico: debe proporcionarme un entorno donde pueda relacionarme abiertamente con las demás personas, porque es una magnífica oportunidad de hacer nuevos amigos y de aprender de sus grandes experiencias, conocimientos y habilidades. Si trabajo con amigos me lo paso mejor: las disputas son menores, el equipo se crea de forma natural, se desarrollan dinámicas enriquecedoras para todos y los resultados mejoran.
- Debo sentirme a gusto, como en casa: si me siento có-

modo con el entorno y las personas, la presión se rebaja, la imaginación y las posibilidades aumentan, la posibilidad de salir de mi zona de confort se convierte en realidad. Cuando estoy en casa me apasiono con los planes y me involucro porque formo parte de mi hogar. Cada profesional es visto, antes que nada, como una persona.

- Tiene que ser retador: ha de permitir marcar retos que me ayuden a superarme, a no estar relajado, a salir de mi zona de confort para descubrir lo nuevo. Cada vez que me enfrento a una dificultad tengo la oportunidad de crecer un poco, ponerme a prueba, aprender algo, descubrir nuevas formas. Si llego y supero el objetivo, crezco en confianza y en experiencia (normalmente los retos nuevos implican nuevos caminos, nuevas formas de hacer). Si no lo alcanzo, me llevo la luz de todos los errores y dificultades que me abren a los aprendizajes que trae consigo, preparándome para lograrlo en alguno de los siguientes intentos.
- Darme apoyo y compromiso, y pedirme resultados: espero que la empresa y mi jefe directo me escuchen y me apoyen, se comprometan conmigo y con nuestro proyecto, me regalen su experiencia superior y me enseñen y sean el ejemplo a seguir, y pueda aprender de ellos para enriquecerme y crecer. También tienen que pedirme resultados, ello me ayuda a desarrollar mi autorresponsabilidad, mi conciencia, mi compromiso, y equilibra el sistema: «dar para recibir».
- Trabajo en equipo: cada persona tiene un valor esencial único que puede ofrecer a la empresa y, por tanto, debe hacerlo. El entorno debe favorecer el trabajo en

> equipo, entendido como la puesta en acción de todos los valores únicos que componen el grupo, donde cada uno aporta su máximo potencial por el interés común (propósito por el que se ha creado el equipo). Dicho de otro modo, cada componente debe desplegar su valía y entregarla a favor del equipo mientras este cuida de todos sus componentes de forma individual y grupal.

Resumiéndolo en una frase: «Creo que se puede trabajar en una empresa, crecer humana y profesionalmente, ser feliz y tener éxito». Con estas creencias en mi cabeza empecé a dirigir InfoJobs y a crear los movimientos para que eso sucediera, sin imponerlo. En caso de no lograrlo, abandonaría la empresa.

¿Cómo conseguí que la organización me siguiera? ¿Cuáles son las claves que hicieron posible la transformación de la empresa? ¿Por qué es tan importante desarrollar el autoconocimiento? Estas y muchas otras preguntas parecidas son las que me han hecho siempre que he explicado nuestra historia. En nuestro andar, logramos uno de los máximos reconocimientos que el mercado empresarial nos podía dar acerca de cómo se sienten las personas en las empresas, ser N.º 1 Best Places to Work. Cinco son los pilares sobre los que se sostiene nuestra transformación, y estas son algunas de las palabras de agradecimiento que recibí de toda la organización: «Gracias, Jaume, por ponerle ♥», «Es un GRAN placer formar parte de esta compañía», «Gracias por hacernos sentir importantes, por hacernos sentir que nuestro trabajo y nuestro esfuerzo valen la pena» y «Gracias por devolverme las ganas de trabajar».

Los cinco pilares para tener una empresa feliz y ser feliz en la empresa

Muchas fueron las cosas que hicimos, pero estos son los cinco pilares sobre los que se sostiene todo. Estas son las claves que nos permitieron andar este camino hasta lograr la magia de una organización humana, una empresa feliz:

1. **De arriba abajo.** Estaba claro que si quería transformar una organización, todo empezaba en mí; dado que era el director general, del que emana la energía, debía ser el ejemplo de lo que quería construir. También estaba claro que este cambio no podía imponerse, ni se lograría con una formación, ni era un plan «mental» a ejecutar, era un camino que debía ser vivido y andado desde la voluntad (cuando uno quiere hacer algo, no hay barreras que lo detengan). Me encontraba frente a una organización de 260 personas, por lo que, para tener éxito, el primer paso era que todos los miembros del comité de dirección —seis personas, contándome a mí— quisiesen este cambio y ellos mismos participaran para mostrar al resto de la empresa la potencia que nos regalaba este nuevo modo de trabajar.

Nuestra primera convivencia como equipo duró dos días en una casa rural donde todos compartíamos la misma habitación (convivir con humildad y sencillez durante 48 horas nos ayudó a conectar entre nosotros). Las palabras del equipo al empezar fueron: «No sé qué hacemos aquí cuando deberíamos estar analizando y haciendo planes de negocio para salir de la crisis, pero venimos porque tú nos lo pides». Lo cierto es que después de cada escapada de ese estilo las reuniones de trabajo en equipo eran más rápidas, fluidas y eficaces, pero esta energía solo duraba unos meses, así que decidí repetir la experiencia cada cierto tiempo. Un año después, las cuatro escapadas donde jugamos, meditamos, nos abrazamos, nos reímos, compartimos comida y habitación, nos conocimos, abrimos nuestros corazones, nos mostramos, hubo mucho contacto humano y nada de negocio, sirvieron para construir la confianza, y el equipo actuaba, pensaba y se mostraba unido y enfocado hacia un mismo objetivo. Al terminar la cuarta convivencia, el equipo comprendió y sintió el poder de lo que habíamos creado, y fueron sus integrantes quienes sugirieron que debía aplicar lo mismo al resto de la empresa. El primer y más importante paso está dado, ¡el proyecto era de todo el comité! Invitamos a nuestras convivencias a una parte de la organización, primero a los quince mandos intermedios más influyentes, y cuando ya estuvieron a bordo, ampliamos con otras quince personas, que, sin importar su cargo, también eran influyentes. La empresa entera giraba hacia su destino, empezando por arriba (la dirección) y consolidándolo poco a poco hacia abajo (mandos intermedios y resto de la empresa).

El cambio en las empresas tiene que venir liderado, andado y ejemplarizado desde la dirección, en cualquier otro caso no tiene fuerza y será efímero en el tiempo porque no es auténtico.

2. **Cercanía.** Yo quería conocer el nombre de todas las personas que trabajaban en InfoJobs y saber de ellos, con lo que organicé desayunos en grupos de doce personas (todas de la misma área) y pedí a Anna (la persona que me ayudaba en las tareas administrativas) una ficha de cada grupo con información de todas las personas: nombre, foto, años en InfoJobs, área en la que trabajaba y función que desempeñaba. En ese espacio me presentaba como persona, les contaba mi visión sobre qué tipo de empresa quería construir, respondía a todas las preguntas que tuviesen, les pedía ayuda para construir este sueño, les preguntaba qué cosas necesitaban y cada uno de ellos se presentaba. Después de un montón de desayunos, todos me conocían y sabían de mi visión, había recogido una lista de cosas que podía hacer para que estuviesen mejor, podía reconocerlos si me cruzaba con ellos, poniéndoles nombre y sabiendo un poco de cada uno.

   Nada diferencia mi puesto de trabajo del resto de personas que trabajan en InfoJobs, todos somos iguales, no hay despachos para nadie, soy simplemente una persona más que tiene una responsabilidad distinta al resto de los trabajadores. Interactúo con todas las personas directamente, en comidas, desayunos, sentándome una mañana en su área de trabajo, preguntándoles o buscando su opinión, participando en sus reuniones o atendiéndoles siempre que necesitan algo de mí. Siempre estoy dispuesto para atender a cualquier persona que se acerca para hablar conmigo, y si en ese preciso momento no es posible, busco el espacio necesario en mi agenda. Me importan las personas con las que trabajo, aunque en realidad sería más preciso decir que las quiero.

El hecho de compartir tiempo con las personas me permitía en Navidad escribir una felicitación personalizada para cada una de ellas, escrita de mi puño y letra y basada en las experiencias que había tenido con esa persona y la visión que tenía de ella.

Esa cercanía, con el tiempo y siendo ejemplo, ha marcado un camino claro de lo que esperaba de esas personas, que no sientan temor a acercarse y que respondan con total sinceridad a cualquier pregunta que les haga.

La cercanía de la dirección general a todas las personas, recogiendo todo lo que se plantea con interés, con respeto y sin represalias, crea organizaciones transparentes que se mueven por la confianza. No tienen nada que ocultar ni nada que temer.

3. **De dentro afuera.** Todos entendemos que, para hacer un préstamo, primero hemos de tener el dinero

en nuestros bolsillos, pero no es tan fácil comprender que para dar a las personas paz, serenidad, entusiasmo, ilusión, seguridad o confianza, primero has de cultivar todo eso tú mismo. Si no lo tienes tú, ¿cómo se lo vas a regalar a otros? Si no puedes crearlo para ti, ¿cómo vas a crearlo en los demás? No es posible. Ese es el motivo por el que primero tiene que trabajarse uno mismo, para prepararse y para adquirir todo aquello que quiere generar en los demás.

Lo mismo sucede a nivel de organizaciones. Algunas empresas quieren ser vistas por sus clientes como cercanas, atentas, comprometidas o responsables. ¿Cómo podemos generarlo en nuestros clientes si no lo tenemos primero en las personas de la compañía? Todo aquello que se construye sin cimientos es débil y se puede caer fácilmente. Mi forma de aproximación es trabajar primero con las personas, después con los equipos o las áreas en las que esté estructurada la empresa, y finalmente agregando todas las áreas se puede trabajar a nivel de compañía. En ese momento estaremos preparados para dárselo a nuestros clientes.

Yo quería que las personas que usaban InfoJobs en busca de un futuro mejor nos viesen más humanos. Estábamos en medio de una crisis y no podíamos ofrecerles puestos de trabajo, pero sí podíamos escucharlos, darles consejos, interesarnos de corazón por ellos y por su bienestar. Así que empezamos trabajando primero todo eso internamente, a nivel individual y por áreas. Ofrecimos la posibilidad de trabajar con el

Eneagrama para conocerse, con clases de yoga para aprender a escuchar el propio cuerpo y por tanto a los clientes y usuarios, y con meditación y técnicas de relajación para estar en paz, saber poner foco y poder trabajar desde la serenidad a pesar de estar en medio de una crisis terrible. En definitiva, se trataba de ofrecer una mirada hacia dentro como persona, después como equipo y finalmente como organización para poder ser vistos por nuestros clientes con nuevos ojos. Porque el cambio empieza en cada uno de nosotros.

4. **Escucha activa.** Creé un espacio mensual llamado *Open Office*, donde cualquier persona de la empresa podía sentarse con el director general y hablar con él de lo que quisiese. Al principio no acudía nadie y los primeros que vinieron fue siempre para pedir algo o poner de manifiesto un desacuerdo o una queja. Al cabo de un año, teníamos una lista donde apuntarse porque la hora no bastaba para atender las peticiones. Llegaban todo tipo de situaciones: muchos agradecimientos, visiones de futuro, ideas para mejorar, propuestas de cambio, reconocimiento por el camino recorrido, conversaciones personales. La dinámica había pasado de una escasa asistencia, pasividad y demandas, a tener que ampliar a una hora y media, con participación activa y ofreciendo soluciones.

   Una vez al año tenemos nuestro *Development Talk* (o «charla de desarrollo»), en la que toda persona que lidera a personas tiene una charla de confianza con todas las personas de las que es responsable. Una charla para reforzar las cosas buenas que ha desplegado la persona durante aquel año, revisar cómo ha actuado en función de los valores que tenemos definidos, identificar áreas en las que trabajar para mejorar, hablar sobre expectativas de futuro y definir planes de formación. También es el momento de regalar la visión que se tiene de tu superior. En definitiva, una charla de confianza, con transparencia y escucha activa por las dos partes, para ayudar a la propia relación, para reforzar las cosas buenas y saber cuál es el camino para desarrollarse.

Escucha activa no es solo recoger los mensajes que otra persona nos entrega, es una actitud de centrarnos totalmente en el otro, de comprender con toda su profundidad lo que nos quiere decir y las implicaciones que conlleva, de interesarnos realmente en aquello que nos cuentan, una actitud receptiva sin esperar tu turno de palabra para replicar o defender tu posición. Pero escuchar activamente no es suficiente si no hay acción luego. Todas las ideas recogidas en los *Open Office*, *Development Talks*, etc., tienen respuesta en forma de acción directa, plan para solventarlo en el futuro o respuesta clara de los motivos por los que la compañía no puede o no lo cree oportuno.

Cuando el director general practica la escucha activa, alimenta que los demás hablen y le cuenten cosas sin tener que preguntar, lo cual es propio de una organización que se preocupa de ella misma y que cuida de todos sus componentes.

5. **Transparencia.** Cuando no tengo nada que esconder, toda mi energía se proyecta sobre las cosas que debo hacer, así no hay pérdidas ocultando o comportándome de una forma artificial a la mía. Es decir, así puedo ser yo mismo, pero siempre con respeto. Me imaginaba una organización donde cada persona pudiese ser ella misma, la mejor versión de sí misma, integrándose y encajando con el resto de las personas. Todo empieza en las personas, y si quería que ellas se comportasen de forma más humana y con transparencia, yo debía ser el primero en serlo como persona y continuar como organización.

   Mensualmente, la dirección rinde cuentas con las personas en una reunión a la que todos están invitados. Les contamos cómo ha ido el mes, qué resultados hemos logrado, qué cosas han salido bien y en cuáles debemos centrarnos y hacer un esfuerzo extraordinario porque no vamos según lo previsto.

   Se reconocen públicamente los errores que podamos haber cometido como dirección y qué aprendizajes nos hemos llevado. Y se responden todas las preguntas que pueden surgir, para dar claridad y tranquilidad a todas las personas.

   Trimestralmente, la dirección de la compañía decide los grandes retos que debemos lograr como empresa, y al cabo de siete días recibe de todas las áreas productivas la relación de todos los proyectos que se deben acometer según las necesidades que ellas detectan, teniendo en cuenta las directrices que la dirección ha entregado. El comité de dirección revisa todos los proyectos, comprueba las colisiones que entre ellos puede haber, toma las medidas oportunas para sincronizar las diversas áreas y proyectos para que no se colapsen, y determina cuáles son los fundamentales en los que no se puede fallar. Una vez validado por cada área, se toma un compromiso, que se revisa mensualmente en el comité por si debemos realizar algún cambio. Al terminar el trimestre se realiza una demostración pública donde cada área muestra los resultados logrados, así como el estado de cumplimiento de los compromisos, y se celebran los éxitos logrados, entregando el reconocimiento a quien corresponda.

Hay muchas más acciones que pusimos en marcha para crear esta organización humana sin las que no lo habríamos logrado: despertar la conciencia (prestar atención a lo que sucede a tu alrededor y lo que te sucede a ti en cada circunstancia), dar para recibir (antes que pedir, primero das todo lo que puedes, la devolución te llegará con el tiempo y tal vez a través de otras personas o situaciones), celebrar las cosas (un cumpleaños, un pequeño éxito, un gran aprendizaje; celebrar las cosas nos ayuda a tomar energía para el siguiente paso), el poder del agradecimiento (recibir un agradecimiento te anima a continuar y mejorar), regalar libros de autoconocimiento y crear talleres para extraerles todo su potencial, contar a la organización hacia dónde vamos como empresa y cuáles serán los pilares en los que nos basaremos para llegar allí, etc.

Las empresas se convierten en espacios que cambian y enriquecen tu vida personal, el liderazgo humano lo transforma todo, y como pieza que cobra mayor importancia en la vida de todos y gana en profundidad, las propias personas tienen una actitud distinta hacia ellas. No hay un camino único, cada empresa y cada sector debe encontrar cuál es su forma y cuáles son sus pasos para lograr su liderazgo humano en las organizaciones. Todo camino empieza con un primer paso.

Cuando en mis conferencias explico cómo trabajamos en InfoJobs y pregunto quién desea trabajar en una empresa así, el 95 % levanta la mano. La siguiente cuestión es dónde se encuentra este tipo de empresas (en el «Anexo» encontrarás algunas pistas).

Las cuatro piezas para sobrevivir al futuro

¿Cómo puedes prepararte para todos los cambios que vendrán? ¿Qué cosas puedes empezar a cultivar para que el cambio te sea más favorable? ¿Cuáles son los cimientos en los que poder apoyar tu nueva aproximación a la vida? ¿Cómo lograrás sobrevivir en el cambio dentro del cambio? ¿Qué puedes hacer para ser más feliz?

Aquí encontrarás las cuatro piezas que, en mi opinión y de acuerdo con mi experiencia, me han regalado una vida más serena, más plena y más feliz, permitiéndome vivir sin presión los cambios y las crisis por los que he pasado en los últimos diez años:

- Descubrimiento de uno mismo
- Despertar la conciencia
- Paz interior
- Alineación de lo que te gusta con lo que haces

Estos son, según mi visión, los pilares en los que podrás sostener todos los cambios que experimentarás en el mercado laboral en los próximos cinco o diez años. Son herramientas que sirven para la VIDA, sí, la VIDA en mayúsculas, es decir para todos los entornos en los que estás presente, sin limitación.

Es un camino de compromiso con uno mismo, y por tanto necesita guías y maestros, pero el verdadero protagonista eres tú, con tu trabajo, con tu entrega y con tu valentía, porque tú eres quien tiene que hacer el camino. Al igual que cuando naciste tuviste que aprender a andar por tu propio pie, nadie más lo puede hacer por ti. Tú eres la llave.

Te garantizo dos cosas, la primera es que cuando uno empieza a andar ya no hay vuelta atrás (como en la película *Matrix*), y la segunda, que la recompensa vale el trabajo hecho (no he conocido a nadie que se haya arrepentido de haberlo recorrido, pero sí he conocido a algunos que se arrepentían de no haber llegado más lejos en su viaje).

Tú tomas la decisión.

Descubriéndome

(Conocerme es el primer paso para saber de mis pasiones, mis barreras, la mirada que tengo hacia el mundo...)

Siempre había pensado que sabía quién era y cómo era y me veía a mí mismo como una persona responsable, dura, centrada, distante, mental, poco propensa a mostrar emociones, fría, calculadora... En ningún caso sospechaba que mi interior contenía otras muchas cosas maravillosas que eran en definitiva mi verdadero ser. Esa falsa creencia era lo aparente, la forma que tenía de mostrarme al mundo y por tanto de vivirlo, la consecuencia de una combinación entre el entorno en el que me tocó vivir y las decisiones que tomé de niño para hacer frente a las diferentes situaciones de la vida.

Esos pensamientos sobre mí mismo creaban actitudes y acciones frente a los demás para mostrarme «tal como soy», y por tanto esas ideas se alimentaban con posturas, palabras, expresiones corporales y todo aquello que de alguna forma representaba esas creencias para mí. Así me iba la vida, cuando uno ladra algunos huyen, otros te ladran más fuerte o te muerden, y allí empieza un círculo que se realimenta constantemente sin fin. Yo tuve la suerte de que la vida me sacudió con una crisis familiar que terminó en divorcio. Sentir que iba a perderme cómo crecía mi hijo de cuatro años y que el mayor deseo de tener una familia se esfumaba de la noche a la mañana hizo que algo cambiase en mí. En ese instante empecé una búsqueda, no de culpables o de causas, sino de mí mismo. Necesitaba recuperar la tranquilidad interior, la ilusión y la alegría.

En ese camino de búsqueda tuve la suerte de trabajar un proceso de coaching (en abril de 2004 no había tantos coach como ahora). Además de resultar sanador para mí, intuí que dicho proceso ofrecía ciertas herramientas que permitían hacer «esa magia» que tan buenos resultados me estaban dando, así que al terminar el trabajo le pregunté a mi coach sobre ellas. Me respondió con unos términos de los que nunca había oído hablar: PNL, Gestalt, Eneagrama, constelaciones familiares. Así fue como decidí empezar a formarme en todas esas áreas.

Cada una me ha aportado algo en el camino de descubrirme, pero sin duda el Eneagrama ha sido lo que me ha permitido identificar comportamientos y cosas concretas de mí mismo, y lo que más profundidad me ha dado, básicamente porque se centra en conocer el carácter de las personas.

Cuando me sugirieron empezar el trabajo con el Eneagrama levanté muchos muros: «yo ya me conozco bien a mí mismo», «no lo necesito», «¿para qué me servirá?», «no tengo tiempo», etc. Los muros del miedo de quien no se siente capaz de enfrentarse a sí mismo, del miedo a cambiar lo que había establecido siendo un niño y que ahora domino («además, no me ha ido tan mal»), del miedo a tomar las riendas de mi vida y por fin hacerme responsable de lo que hago con ella. Pero al ver la «magia» del proceso de coaching, mi interés por el Eneagrama creció y di mi primer paso.

Hoy puedo contarte que este proceso me hizo ver lo equivocado que estaba respecto a mí mismo, cómo vivía en medio de un miedo enorme (no reconocido conscientemente) que me atenazaba, que me hacía estar en alerta constante, que me hacía ladrar al mundo para espantarlo y me alejaba de las emociones para no sufrirlas cuando en realidad lo que mi alma anhelaba era amor, ternura y cariño. Trabajar el Eneagrama con la Fundación Claudio Naranjo y sus programas SAT me permitieron verme a mí mismo (el auténtico Ser interior), tener la valentía para ser capaz de sacarlo al mundo y cambiar mi forma externa. Entonces todo cambió. Cuando empiezas a sonreír, a ser amable y cercano, a ser atento con los demás y a no sentir miedo, entonces las personas y el universo te regalan su mejor cara. Comprendí quién era en realidad, por qué actuaba como lo hacía, cuáles eran mis mecanismos automáticos de respuesta a situaciones que me incomodaban (y que siempre me llevaban al mismo lugar: misma situación, misma respuesta, mismo destino), cuáles eran los mecanismos que me atemorizaban de alguna forma pero que no sabía reconocer, y todo aquello que componen mis sombras. Esta nueva conciencia vino acompañada del regalo de las luces, el reconocimiento real de mi Ser interior, tan desconocido para mí hasta entonces, esa bondad, ternura, AMOR, tranquilidad y suavidad que bullía en mi interior y yo intentaba tapar y no mostrar. Ahora podía ver toda la máscara que había creado, era capaz de vivir sin ella (es un proceso paulatino que empieza con quitártela un rato y luego, con trabajo, terminas poniéndotela solo cuando tú quieres) y mostrar mi Ser interior. Ahora sabía cuál era la mirada que tenía hacia la vida y cómo me veían los demás, y podía elegir en cada momento qué tipo de reacción tenía; empezaba a ser dueño de mi destino.

Sorprendentemente, lo que empezó siendo un trabajo de autoconocimiento vino acompañado también de una mirada distinta hacia las personas, de una comprensión de la misma situación que yo vivía, pero con distinta forma en cada una de ellas. Al ser capaz de verlas con su verdadero Ser, mi actitud y respuesta hacia sus acciones era totalmente diferente. ¡Ahora podía entenderlas y aceptarlas! Ya no me hacían daño. Y mi mundo cambió para mejorar.

Uno de los primeros pasos que te aconsejo realizar es conocerte a ti mismo, para mí es la base de todo, porque en definitiva todo empieza en uno. Cuando yo cambié mis relaciones con las personas, mi aproximación a la vida cambió y transformó mi vida. En el mundo laboral nos enfrentamos muchas veces a trabajos sin saber nada de nosotros. Te ayudará a encontrar tu lugar el hecho de responder a preguntas como estas: ¿qué define mi carácter?, ¿qué situaciones me sobrepasan?, ¿cómo respondo ante ellas?, ¿cuáles son mis fortalezas y mis debilidades?, ¿qué me gustaría hacer y no puedo?, ¿qué ofrezco yo?, ¿cómo me ven los demás?, ¿coincide con las ideas que yo tengo?, ¿en qué soy muy bueno y la mayoría me lo reconoce?... ¿Os imagináis dándole las llaves de vuestro Ferrari a alguien para que os lleve a casa y que este no sepa conducir? Yo no lo haría sin preguntar y disponer de evidencias claras de su valía. Entonces, ¿por qué frente a la vida y el trabajo no hacemos lo mismo?

Hay muchas fórmulas, pero yo trabajé con el Eneagrama porque lo considero la herramienta más potente y completa, pero hay otras. Tan solo has de encontrar aquella que te sirva a ti, cada uno de nosotros tiene su propio camino. Encuentra el tuyo.

El Eneagrama es un mapa de la personalidad que nos ayuda a entender en profundidad los diferentes rasgos de cada uno de los tipos de carácter. Las personas nacemos con un Ser Esencial, lo que cada uno de nosotros somos en profundidad. Durante la primera infancia, hasta aproximadamente los siete años, vamos desarrollando de forma paulatina una máscara que lo va sepultando. Dicha máscara o personalidad es vital y necesaria para nuestra supervivencia en el mundo, nos dota de estrategias de reacción y respuesta necesarias para la adaptación social al medio en el que nos ha tocado vivir.

En mi trabajo con el Eneagrama, a través del autoconocimiento y del trabajo personal, fui derribando los muros de la personalidad y dejando espacio para que saliera mi propia esencia. De forma progresiva fui logrando conciencia de los mecanismos automáticos que había desarrollado desde pequeño para enfrentarme a las situaciones «difíciles» y que siempre me llevaban al mismo final. Con el tiempo aprendí a reconocer bajo qué tipo de circunstancias se activaban, cómo surgían las respuestas automáticas y qué tipo de respuesta daba. Y un día empecé a ser libre, y en algunos casos ya podía tomar mis propias decisiones sobre cómo responder frente a estas situaciones difíciles que me hacían sufrir o me estresaban. Mi vida estaba en mis manos. Ese día sentí que salía de mi alma una sonrisa de reconocimiento, por fin estaba en casa, y me sentí libre para fluir en paz y armonía con todo lo que me rodeaba.

Y aunque el trabajo no ha terminado, sé que voy por el buen camino.

Al mismo tiempo, el estudio del Eneagrama me permitió acercarme de una forma más compasiva y comprensiva a los demás. Me ayudó a entender las motivaciones que nos llevan a determinados comportamientos, en lugar de tomárnoslo como algo personal. Cambió mi mirada hacia ellos, y en consecuencia mi actitud y mi acción. Entonces todo cambió, porque, al igual que sucede en un vals, cuando uno de los danzantes se mueve en una dirección, el otro le acompaña.

Así, puse enfrente de las personas que trabajan en InfoJobs todas aquellas herramientas que me han sido de utilidad a lo largo de mi vida, y que me han permitido vivir con «los ojos abiertos» y ser mucho más feliz y efectivo. Permití que accedieran a ellas para que cada cual tomase la decisión de utilizarlas, y eso me ha regalado personas más conscientes, equipos más sólidos y eficientes en su trabajo, un ambiente que fomenta el trabajo de equipo, la transparencia y el compromiso, mejores resultados, pero ante todo ver que las personas transformaban su vida.

Estos son algunos de sus testimonios:

> *¿Estoy haciendo lo que me gusta? ¿Cuál es mi vocación? ¿La vocación existe? Todas estas preguntas empezaron a asaltarme y a crear nudos de insatisfacción que podía notar en mi cuerpo en forma de dolor en la boca del estómago. A partir de aquí empecé a indagar y a indagar.*
>
> *Para mí el proceso de autoconocimiento no termina nunca, lo considero una forma de vivir. Esto es lo que me permite estar más presente y consciente conmigo y con los*

demás y con ello responsabilizarme y tomar las riendas de mi vida.

Business Intelligence InfoJobs

La posibilidad que me brindó la empresa para iniciarme en Eneagrama, PNL, adentrarme en el mundo de las constelaciones familiares, etc., fueron experiencias y aprendizajes que me permitieron convertirme en la persona que soy hoy: abierta al cambio, más reflexiva y con más ganas de seguir creciendo como persona. Hoy me respeto más y me exijo menos a mí misma y eso me permite respetar más y exigir menos a los demás.

Con aquel camino que se me abrió en InfoJobs hace ya muchos años, hoy he llegado a identificar mis «bichitos» (mis miedos, mi ego, mis fantasías y, en definitiva, mis automáticos) y a permitirles salirse con la suya o no a merced de mi decisión consciente y, muchas veces, adaptativa.

Product Owner InfoJobs

Caminos hay muchos y todos son válidos, tan solo tienes que encontrar aquel que a ti te facilite el proceso. Cada uno de nosotros somos distintos. Busca tu camino.

Las sesiones de Eneagrama fueron un catalizador en mi vida. De repente, me vi a mí mismo en relación al mundo, me vi distinto pero no me sentí raro, ni superior ni inferior, simplemente muchas cosas cobraban sentido, encontraba explicación a mi manera de ser, reconocí a varios de mis fantasmas y entendí de qué maneras reaccionaba por miedo o por dolor. Visto en retrospectiva, era como si durante años hubiera conducido un coche instintivamente y de repente me hubieran enseñado el código de circulación.

Mejora continua y procesos Lean, InfoJobs

Una parte muy importante fue reconocer mis límites, parecía que me tenía que poner enferma para descansar, no aceptaba el hecho de tener límites, creía que podía con todo, o eso quería demostrar.

Otro paso importante fue descubrir mis miedos y ver cómo me afectaban en mis relaciones y en mi trabajo, miedo a equivocarme, al fracaso, al rechazo… los miedos te paralizan, y superarlos supone un gran cambio en tu vida.

Las sesiones del Eneagrama me sirvieron para darme cuenta de que todos tenemos básicamente los mismos miedos y motivaciones, para ver con más compasión a los demás y a mí misma, me ayudó a abrirme más a los demás, también a saber confiar. Ahora trato de disfrutar cada día y cuidarme más a mí misma.

Equipo comercial

En definitiva, busca y reserva tiempo para conocerte, en ese proceso también comprenderás mejor a los demás, tu mirada hacia las cosas cotidianas cambiará y, al verlas distintas, tu forma de actuar será otra y tu vida y cuanto te rodea se transformará. Es mágico para aquel que se atreve.

Despertar la conciencia

(A través de las situaciones cotidianas tenemos una magnífica oportunidad de aprender. Aprovéchalas)

Yo siempre había pensado que era muy consciente tanto de las cosas que me sucedían como de lo que pasaba a mi alrededor porque estaba muy atento y vigilante tanto de mí mismo como de mis sentimientos. Con ese conocimiento podía manejarme en la vida, con la convicción de que «todo estaba controlado», de que mi mente era el gran capacitador de todo ello. Entonces pensaba que no necesitaba despertar nada, porque ya había desarrollado todas mis capacidades en ese sentido. Esto me permitía sentirme seguro. Por el contrario, aceptar la posibilidad de tener que despertar mi conciencia significaba que mi seguridad se sostenía sobre una base de barro y eso hacía que me sintiera incómodo. En consecuencia, la negación era la respuesta que daba: no necesitaba despertar nada. ¡Qué necio era!

Sentía que mi vida era perfecta y yo giraba con ella de la misma forma; estaba casado, tenía un hijo de tres años precioso, un trabajo que me gustaba y en el que estaba bien considerado y me pagaban bien, un piso en propiedad y salud para toda la familia. Sentía que lo tenía todo, pero nada es para siempre o tal vez todo era solo un espejismo.

Una tarde, hablando con mi mujer, se puso de manifiesto que nuestra relación no funcionaba como yo creía. En un instante perdí mi suelo, al cabo de un mes estaba fuera de casa, ese equilibrio en el que vivía se acababa de esfumar. ¿Cómo podía haber sucedido? ¿Cómo era tan distinto a lo que yo percibía? ¿Qué es real y qué no? ¡Qué falta de conciencia! En ese instante empezó un camino nuevo para mí. Un camino doloroso y no deseado. Me costó nueve meses, pero todo cambió cuando fui capaz de aceptar la situación. Esa fue la chispa para dar el primer paso y empezar a despertar mi conciencia.

A lo largo de los años he podido ver como la mayoría de las personas pasan por ese mismo estadio en algún momento de su vida, en el que creen que ya están despiertos. También es cierto que muchas de ellas se encuentran después con episodios que agitan su placentera existencia. Eso puede llegar en forma de rotura sentimental, despido en el trabajo, la muerte inesperada de un ser querido, una enfermedad limitante o muchas otras formas que siempre tienen en común que no se desean, llegan sin avisar y provocan un alto impacto emocional y existencial. Pero son precisamente esas situaciones las que ofrecen la oportunidad de dar un salto en nuestra vida, si somos capaces de aprovechar el momento y trabajar en el sentido adecuado, aunque también podemos quedar atrapados en ellas.

Varios años más tarde, y después de mucho trabajo, comprendí que justamente esta dificultad inesperada había sido la que había transformado totalmente mi vida, convirtiéndome con mi trabajo en una mejor persona (eso creo yo y eso dicen los que me conocían antes). Simplemente había trabajado en la dirección correcta.

Quizá te preguntes: ¿cómo puedo saber si tengo la conciencia despierta?, o ¿por qué es importante despertar la conciencia?, o ¿cómo puedo despertar mi conciencia?, o ¿dónde o cuáles son los mejores momentos para aprender?, o infinidad de cuestiones que pueden pasar por tu mente. Voy a compartir contigo las respuestas que he encontrado a algunas de ellas.

En mi dormitorio hay dos interruptores, y no consigo recordar cuál de ellos es el que enciende la luz porque lo uso muy poco. Intento pensar en ello cada vez y memorizarlo, pero el intervalo entre usos es tan largo que no se me queda grabado. Hoy he decidido no hacer nada más por retenerlo en mi mente y he marcado el interruptor con un punto negro para que sea mi vista la que me ayude a elegir y dejar así de pensarlo. Es curioso, pero desde ese momento ya no me hace falta mirar la marca, la respuesta correcta se ha quedado grabada en mi mente. El hecho de mover la mano con mi mirada y toda mi atención puesta en el interruptor correcto para pintarlo mientras mi voz pronunciaba las palabras «interruptor derecho» ha grabado en mi mente la respuesta correcta para siempre.

¡Cuánto poder tiene combinar el pensamiento, la

atención, la palabra y la acción! Los pensamientos son volátiles, las palabras tienen cuerpo pero se las puede llevar el viento, las acciones perduran. Poniendo la acción en las situaciones es cuando realmente aprendemos, no basta con el conocimiento teórico almacenado en nuestro cerebro, la experiencia es la que convierte los conceptos en capacidades. Yo aplico esta sabiduría sencilla en mi entorno de trabajo y en mi vida, y eso me permite llegar más fácilmente al éxito en todo lo que me proponga, y en caso de no alcanzarlo desarrollo una práctica y, por tanto, estoy más preparado para la siguiente vez.

Todos tenemos nuestra conciencia despierta en mayor o menor grado y, desde mi experiencia, en la vida se trata de ganar nuevos estadios de conciencia para evolucionar.

Abro los ojos y miro el reloj. ¡Me he quedado dormido precisamente hoy que tengo reunión con mi jefe! Me levanto con prisas y voy a despertar a mi hijo Pol de nueve años; tiene sueño y se resiste, está cansado y no quiere levantarse rápido. Me meto en la ducha mientras voy repitiendo su nombre de vez en cuando y le doy instrucciones para que se vista. Mi cabeza va pensando en todo lo que tengo por delante, mientras mis manos, de forma automática y desconectadas de mi ser, ahora enjabonan, ahora enjuagan, ahora secan el cuerpo. Me siento acelerado. ¡Voy a llegar tarde! Me dirijo a la habitación de Pol y... sigue en la cama con los ojos cerrados. Una mezcla de enfado y vértigo me invaden. ¡Voy a llegar tarde! Le despierto y hoy se levanta refunfuñando. ¡Voy a llegar tarde! Entonces me abraza muy fuerte, me da un beso y me dice: «Te quiero, papi». Respiro su abrazo mientras mi conciencia despierta. GRACIAS, hijo, por sacarme de esta locura en la que estaba metido. El día de hoy no volverá, y estaba a punto de perdérmelo por las prisas de reunirme con mi jefe.

¿Cuánto vale una reunión? ¿Cuánto vale un día de vida vivido? ¿Cuánto vale el abrazo amoroso de un hijo, una sonrisa regalada por un desconocido, un amanecer, un beso de tu mujer, un...? Llegarán otros días, pero justamente hoy está pasando y nunca más regresará. ¿Cuánto vale? Algunas veces me resulta difícil poner foco en lo realmente importante en la vida porque parece que todo cuanto me rodea me empuja a hacer, a no poder detenerme; entonces no soy capaz de distanciarme, reflexionar y marcar prioridades. Desde la conciencia de mi dificultad he trabajado para estar presente en el día a día con intensidad y, sin embargo, poder alejarme para ver, ser más consciente y decidir hacia dónde voy.

El día de hoy no volverá y yo no voy a perderlo.

Esto nos permite comprender mejor las situaciones que vivimos y los sentimientos que nos producen, las actitudes y posturas propias y las de los demás, las barreras que nos limitan, o las fuerzas que tengo para alcanzar todo lo que deseo. Despertar la conciencia nos facilita la vida y nos permite una mirada distinta hacia ella, apreciándola en todos sus matices.

Hemos pasado este sábado en el Montseny, una bonita montaña catalana de 1.100 metros de altitud. Hemos subido andando hasta su parte más alta, donde hemos comido algo que llevábamos con nosotros. El camino pasa por frondosos bosques llenos de silencio y paz. Un día perfecto. Llegado el momento de regresar a casa, cogemos el coche e iniciamos la ruta de descenso por su estrecha carretera llena de curvas. No hay nadie y voy a mi ritmo disfrutando del viaje y del momento, pero un poco más abajo un coche se incorpora justo delante de nosotros. Su velocidad es mucho más lenta que la mía, así que me decido a adelantarle en cuanto pueda. Acabo de cambiar mi conducción a modo «atención plena y tensión, para adelantar a la que vea un hueco». Fuensanta, mi pareja y copiloto, me lo desaconseja, con tantas curvas no hay sitio para adelantar y no tenemos prisa, volvamos a disfrutar juntos. Pero yo a la mía.

Unos minutos después una chispa de conciencia me hace reflexionar. Me estoy perdiendo el sábado con mi chica, he cambiado la atención que ponía en ella y en el viaje para centrarme en el coche que nos precede y adelantarlo. Ya no disfruto y, además, estoy tenso y pendiente como un cazador. ¿Qué me pasa? ¿Cuál es el motivo para que me moleste el coche y elija tirarlo todo por la ventana para salirme con la mía? Me doy cuenta de que me cuesta aceptar que el coche marque mi ritmo, siento que he perdido mi libertad y mi reacción es reconquistarla, quiero ser yo quien elija cómo bajo conduciendo, por eso lo quiero adelantar.

Momentos como estos, cotidianos, pueden convertirse en nuestros grandes maestros si sabemos aprovecharlos. En estos momentos normalmente nos jugamos poco, son sencillos, y si tenemos conciencia de la situación y somos capaces de analizarla, nos ayudarán a comprender mejor, a ver en qué otros ámbitos de la vida nos sucede lo mismo, y, por encima de todo, a crear respuestas distintas.

Sé que en el trabajo siempre me ha costado que mis jefes me den órdenes, siempre he necesitado sentir que soy libre para elegir, y por tanto me he resistido a ellas. Veo que hoy es una buena oportunidad para empezar a cambiar eso. Mi trabajo será de aceptación, y de disfrutar del camino hasta casa, sin intentar adelantar al coche. Será un buen ejercicio que me servirá también en el trabajo. Comparto mis reflexiones con Fuensanta, y le agradezco sus comentarios, puesto que ellos han sido los que me han despertado hoy.

Cada vez que creamos una respuesta alternativa a nuestros mecanismos automáticos estamos empezando a liberar nuestra mente, a crear posibilidades de respuesta que podrán aplicarse a todos los campos.

Esta tarde queremos ir al cine con los niños, la única sesión que nos encaja por horas es la de las seis pero solo faltan diez minutos para que empiece. Las colas para comprar las entradas en las taquillas son kilométricas y seguro que no podremos entrar, así que nos dirigimos a las máquinas expendedoras. De los tres terminales que hay, uno tiene dos personas, el segundo está vacío y en el tercero hay una cola moderada. Me dirijo al terminal vacío pero no funciona y me recoloco instintivamente en el más rápido. De pronto siento que estoy pasando por delante de toda la cola, en ningún momento he pensado que podía haber una sola cola que compartía el acceso a todos ellos; disculpándome, me pongo en la fila. Aunque nadie se ha quejado, sé que todos lo agradecen, además es lo que me gustaría que otro hiciese si yo estuviese en esa cola.

En algunas ocasiones, especialmente cuanto tengo un objetivo claro en mi mente, mis acciones van dirigidas a su consecución, olvidándome o no prestando suficiente atención a mi entorno, provocando con ello reacciones con las que no contaba.

No sé si llegaremos a entrar en el cine antes de que empiece la película, pero no importa, me siento bien por la chispa de conciencia y la acción que he llevado a cabo.

La conciencia es la que hace que nos demos cuenta de las cosas que nos suceden, las que nos gustan, para disfrutarlas con toda su profundidad, y las que no nos gustan, para aprender de ellas. Primero debo ser consciente y luego, aceptando mi responsabilidad, tomar acción. Seguro que ahora pensarás que tú puedes distinguir muy bien ambas y por tanto que «ya eres un ser consciente», seguro que sí, pero se trata del grado de conciencia que uno tiene, y eso solo se logra trabajándola. Es habitual, al tratar estos temas con otras personas, aclarar que ser consciente implica saber que puedes elegir y hacerlo, ello significa tener el poder para hacer las cosas como uno desea y asumir las consecuencias de ello. Ahora ya nada parece tan evidente. Tú eres el gran responsable de todo lo que te pasa, ya no vale descargar la culpa en tu jefe, tu pareja, tu enfermedad, tu trabajo o todo aquello externo a ti mismo que siempre hace que no lo consigas. Tú eres el único responsable de las decisiones que vas tomando en tu vida, y así te va.

Estamos en enero de 1992, la abundancia económica de las Olimpíadas está tocando a su fin, trabajo como vendedor a puerta fría para Canon España en una pequeña oficina del centro de Barcelona. En la reunión con mi jefe le pido un aumento de sueldo y expongo los motivos que considero justos para ello, pero lo rechaza sin pestañear y añade que es imposible. Ese día decidí que tenía que empezar a buscar un nuevo trabajo. El mercado laboral no está nada fácil, la tasa de paro es del 16 % y se prevén aumentos del paro en los siguientes meses (en enero de 1993 estábamos en el 19,2 %, y subiendo). Tengo muchas ilusiones depositadas en las ofertas a las que me presento, pero pasan los meses y no hay respuestas favorables. Mi decisión de salir de la empresa es firme y no me desanimo en mi búsqueda mientras intento aprender lo máximo posible de mi trabajo actual.

En junio de ese mismo año tengo ya una oferta para cambiar de empresa, así se lo cuento de nuevo a mi jefe para decirle que me voy. Su respuesta me sorprende, me ofrece un incremento de salario superior al que pedía en enero y al de la nueva empresa. La tentación es grande, pero mi sentimiento de no ser valorado hasta que no «aprietas» a la empresa me ayuda a mantenerme firme, aunque pierda dinero. No es el tipo de empresa en la que quiero trabajar; no sé cómo será la nueva, pero estoy seguro de que este estilo no lo quiero.

Esta decisión, difícil en ese momento por las circunstancias económicas del mercado español y por la tentación final de una mejor retribución, me abrió la puerta de una empresa familiar en la que estuve escasamente un año. Allí, la muerte del director general a los tres meses hizo que los hijos se hicieran cargo de la compañía y con ellos cambió el estilo de la empresa. Una nueva decisión en un mercado aún más complejo (la tasa del paro en junio de 1993 era del 22,2 %), un nuevo salto a lo desconocido.

La nueva empresa cambiaría totalmente mi vida, en positivo, y guiaría mi desarrollo profesional hasta hoy, pero ello no era más que el resultado de todas las decisiones difíciles que antes había tomado.

La gran duda que continuamente nos planteamos es: ¿siempre puedo elegir? Y la respuesta consciente es SÍ; otra cosa es que las opciones sean todas de mi agrado, o que sean fáciles de realizar, o que esté dispuesto a dar el paso y asumir el riesgo y las consecuencias que traigan esas opciones, pero siempre podemos elegir. El primer gran paso es saber y darse cuenta de que puedes elegir. Eso es ser consciente. Cuando yo llegué a este punto comprendí que me faltaba camino por recorrer, al igual que ahora mismo sigo caminado en la senda del despertar.

Esta mañana estaba paseando por Varkala (en el suroeste de la India) cuando me he parado a hablar con un chico que vendía pescado a las puertas de un restaurante. Una gran sonrisa dominaba su cara ofreciéndome lo que tenía, unos pocos pescados en su mesa improvisada construida con maderas atadas y un poco de hielo para mantener fresca la mercancía.

Me contaba cómo se llamaba cada uno de ellos, qué precio tenían y lo buenos que eran ¡recién pescados! Emanaba una profunda paz, y eso me ha sorprendido, porque no lo esperaba de alguien que debe de tener una vida muy dura aquí en la India. Le he preguntado muchas cosas. Había nacido en un pueblecito cercano, cada día compraba el pescado a unos amigos pescadores y había llegado a un acuerdo con el restaurante. La gente se lo compra a él y, si quieren, el restaurante lo cocina, un buen negocio simbiótico, en el que todos ganan.

También le pregunté si era feliz. Nunca podré olvidar sus sabias palabras: «Los extranjeros trabajan para cambiar el mundo que les rodea y que se adapte a ellos, olvidándose de sí mismos, yo he elegido cambiar mi interior para adaptarme al mundo que me rodea. Algunos días soy feliz y otros no, pero siempre con mis pequeñas acciones cambio mi mundo para que sea un poco mejor». ¡Qué gran conciencia la de este chico! Si todos tuviésemos tan solo una pequeña parte de su gran sabiduría sobre la vida, sin duda LA VIDA sería mejor para todos.

Ser consciente me ha proporcionado una forma más plena de vivir, un sentimiento más profundo de cada instante y cada emoción. Sin la conciencia, nada puedo cambiar en mí, ni a mi alrededor ni en mi vida. Desde hace mucho tiempo intento aprovechar todas las situaciones diarias para aprender y seguir despertando. Podrás encontrar muchas otras chispas de conciencia, que tal vez te hagan reflexionar, en mi blog *Un CEO sin corbata.*

Atrévete a descubrir la sabiduría de todos los días.

Paz interior

(Saber estar en el centro del huracán te ayudará a sacar tus mejores capacidades a la vez que te ofrecerá una visión única que te llevará a actuar desde la oportunidad)

En el año 2009 yo trabajaba como director comercial en InfoJobs. En ese momento estábamos viviendo una crisis interna que venía del cambio de accionistas que la compañía estaba haciendo, mezclándose peligrosamente con la crisis económica que nos salpicaba por todos lados. Una tarde, Alfredo, mi mano derecha en ese momento, me dice: «Tienes que ver una película en la que sales tú: *Kun Fu Panda*».* Ahí nació mi afición por esta saga, porque si la miras bien, tiene mucha sabiduría en su interior. Los cuentos, las fábulas, las metáforas y las películas de dibujos animados siempre me han atraído, es una forma sencilla de contar cosas poderosas.

En la segunda parte de la película hay una escena que explica perfectamente qué es la paz interior y lo que eres capaz de hacer cuando la tienes. Es el momento culminante, cuando el héroe, de pie sobre una simple tabla flotante, se

* Encontrarás dos tráilers de la segunda entrega de *Kun Fu Panda* en: <https://www.youtube.com/watch?v=9GeKgIB-MLQ> y <https://www.youtube.com/watch?v=3P90l2TDhnc>.

enfrenta a la todopoderosa armada del malvado, provista de cañones. Es la última oportunidad de China para poder detener el avance del mal, porque todos sus aliados y amigos han caído prisioneros. El héroe cierra los ojos para buscar su paz interior y alumbrar su presencia, dispuesto a combatir hasta el fin. Estos no eran sus planes, pero ahí estaba. El cañón dispara para acabar con él, pero desde la serenidad de su paz interior y utilizando el poder de la visualización es capaz de acompañar la bala para devolvérsela y destruir parte del barco. A pesar de todos los cañones, de todas las balas, él las va devolviendo con suavidad y vence. Es como la vida misma:

- El héroe: ese eres tú.
- La tabla: es tu vida, flotando en medio de un universo enorme, y a la que te agarras para poder sobrevivir como puedes.
- La maldad: es todo aquello que sientes que pone en peligro tu vida o tu bienestar, aquello que te puede dañar, herir o dar miedo. Puede ser un cambio que no deseas, o una presión de un cliente, o una amenaza de despido.
- Las balas: son las acciones que recibes por parte del peligro que te atenaza. Una bronca, la anulación del pedido que te salvó la vida este mes, la separación de la que creías la pareja de tu vida, la muerte de un ser muy querido...
- La paz interior: es esa energía interna y mágica que te permite enfrentarte desde la serenidad, la entereza, la responsabilidad, con ese miedo tan enorme que te

amenaza, convirtiéndote en un héroe, dando lo mejor de ti y estando dispuesto a aceptar tu destino y sus consecuencias.

Todos los días tenemos retos a los que enfrentarnos y la paz interior es un buen aliado, si eres capaz de tenerla a tu lado.

Una de las características de la vida humana a lo largo de toda su historia es que la velocidad a la que suceden las cosas es cada vez más rápida. El sistema de vida humano se está acelerando, la «tecnología» ha sido el motor del cambio que ha permitido al ser humano avanzar. Elementos como el fuego, el cultivo, las máquinas o los ordenadores significaron un cambio sustancial en la forma de vida de los seres humanos, y cada una de esas innovaciones creó un entorno que tardó menos en cambiar. El cambio se está acelerando, y el último viene de la mano de la tecnología. Desde el nacimiento de la informática en 1982 se sigue cumpliendo el pronóstico de multiplicar por dos, cada cuatro años, la capacidad de memoria y proceso en los ordenadores. Está claro que el mundo laboral también se acelera, así como los cambios de trabajo. Algunos estudios hablan de que antes de los treinta y ocho años una persona llega a pasar por entre diez y catorce trabajos distintos.

Habitualmente doy conferencias en las universidades, porque los universitarios son el futuro, y por tanto no hay mejor lugar que un auditorio de quinientos chicos y chicas para preguntar y «tomar temperatura» de lo que piensan cuando les hablo del presente laboral. Siempre les pregunto cómo se imaginan su trabajo perfecto, y en su respuesta siempre está viajar por el mundo, tener trabajos en los que seguir aprendiendo y poder desplegar sus conocimientos, pero por encima de todo me llama la atención que ninguno se imagina estancias de «muchos años en la misma empresa», y entonces llega la pregunta definitiva para comprender qué significan para ellos estas palabras: «No más de cuatro años». En ellos hay ya un afán de cambio, una velocidad distinta a la nuestra y a la de nuestros padres.

Esta aproximación al trabajo choca frontalmente con algunos sectores empresariales, en los que se ofrecen carreras profesionales de 8-12 años. Esta oferta de valor no es diferencial ni atractiva para muchos jóvenes, es una herencia del pasado de nuestros padres, cuando un trabajo se afrontaba como algo seguro y «para toda la vida». Estos chicos de la Generación Z saben lo que quieren, están preparados, se sienten fuertes, están seguros de sí mismos y lo quieren rápido. Ellos han crecido en un mundo con estas características, y así los hemos hecho, pero no es oro todo lo que reluce. Ellos son los que están más preparados para el futuro porque han crecido en un mundo cambiante e inmediato (cuando yo era pequeño solo había dos canales de televisión, hoy hay cientos de ellos; para ver una película tenías que esperar a que la pusieran en el cine o la pasaran por la tele, hoy puedes descargar por internet todas las que quieras y cuando quieras...), pero todo se acelera, y el futuro aún será más rápido, con lo que también ellos estarán sometidos a ese huracán sin estar suficientemente preparados.

Todo cambia y avanza deprisa en el mundo real; bueno, todo no. Los programas de las universidades están sometidos a mecanismos que no se adaptan a la agilidad de los tiempos, por lo que se está formando a jóvenes con unos conceptos que, cuando ellos se incorporen al mercado laboral, ya estarán en retirada, mientras que las nuevas tendencias apenas llegan a trabajarlas. La administración pública puede ser otro ejemplo de esto, pero sin duda hay más. Esta aceleración está poniendo a prueba las viejas estructuras que, por comodidad, miedo o intereses creados, no se han actualizado en los últimos cincuenta años, y ahora este tiempo es un salto demasiado grande. Este desfase entre la velocidad del entorno en el que hemos crecido y la del futuro aumenta con la edad, puesto que los mayores crecieron en un sistema mucho más lento que sus hijos.

En medio de este alud de transformación, la paz interior se convertirá en una herramienta de supervivencia y de calidad de vida. Yo la llamo «paz interior», pero no importa el nombre que le pongas al hecho de poder estar en medio de la tormenta, en calma, controlando la situación y sobreviviendo a ella, a la espera de la siguiente sacudida. Lo importante es que la adquieras.

Las empresas piden a los trabajadores que sean creativos y tengan capacidad de innovar, que mantengan la concentración en todo momento, que sean entusiastas y se sobrepongan a las dificultades, que sean flexibles a los cambios que se les pide, que no se pongan enfermos, que se mantengan serenos frente a los retos, que logren los resultados esperados y muchas otras cosas que la empresa desea. Y cada vez las exigencias son mayores, pero ¿qué hace la empresa para que los trabajadores adquieran o cultiven todo esto? ¿Cómo cuida a sus trabajadores? Cuando me compro un coche nuevo o un jersey que me ha encantado, intento cuidarlo lo máximo posible para que me dure. ¿Es que las empresas no quieren que sus empleados permanezcan mucho tiempo?

Las personas y los equipos que las empresas crean son lo único que en nuestro negocio no puede ser copiado por la competencia. Mi visión era que si ofrecía a las personas las herramientas que a mí me habían ayudado en mi vida para ser más feliz y vivir en paz, ellas también crecerían. Y con su paz interior en medio de una gran crisis, y el crecimiento de su autoliderazgo, nacería la voluntad de dar lo mejor de sí para InfoJobs, así como la creación de equipos unidos sobre la base de la confianza. Entonces una de las decisiones que tomé en InfoJobs fue crear un espacio para practicar yoga, meditación y técnicas de relajación. Conocía bien estas técnicas porque habían cambiado mi vida y sentía que también podían hacerlo con otras personas. Como ya he dicho en estas líneas, hay muchos caminos (correr o nadar con conciencia, pintar, andar por la montaña, tejer jerséis de lana como hacía mi abuela...). Cada uno debe encontrar el suyo. Este es solo uno, pero puedo garantizarte que funciona, yo lo he probado. Este es el e-mail titulado *La sala Alegría* que se enviaba a todas las personas que trabajaban en la empresa:

Querido infojobber:

Siento desilusionarte pero... realmente no es una sala...
Es la puerta a un mundo distinto, un espacio MÁGICO donde el tiempo se detiene, un lugar donde tu alma y tu mente

pueden reposar, un sitio para hablar desde el corazón, un territorio para viajar allá donde desees y ser todo aquello que puedas imaginar... un mundo donde encontrar tu silencio interior, tu paz, tu serenidad... un mundo para potenciar el crecimiento de las personas y desde ahí construir, entre todos, una empresa mejor.

Con él ofrecíamos la posibilidad, en horario laboral, de asistir a las clases programadas o de ser usada por cualquier persona con varias normas extraordinarias. Se entraba descalzo (para practicar la humildad), solo podías sentarte en el suelo sobre los cojines y colchonetas, no entraban ordenadores y siempre se hablaba con el corazón en la mano. El objetivo de la sala ALEGRÍA era crear dinámicas totalmente distintas a las habituales en el entorno empresarial, que favoreciesen el desarrollo de la paz interior y el contacto humano:

- Técnicas de relajación: enseñamos a desconectar la mente, a conectar con el poder de tu respiración y a utilizar el poder mental. Trae los beneficios de relajar el cuerpo físico, calmar la mente y renovar tu energía.
- Yoga: aplicando posturas sencillas, fortalecemos, flexibilizamos y armonizamos nuestro organismo, trabajando la respiración consciente que conecta cuerpo-mente. Trae los beneficios de serenar y sanar las emociones, calmar y aclarar la mente, regular la respiración para que sea más profunda y natural, compensar y aliviar el cuerpo físico-mental-emocional-energético.

- Meditación: libera tensiones acumuladas, permite descubrir y practicar técnicas para generar calma mental, dota al infojobber (persona que trabaja en InfoJobs) de herramientas y recursos para optimizar la calidad de vida en su puesto de trabajo, gestionar las emociones de la vida laboral de forma asertiva, evaluar los factores estresantes en el ámbito laboral y buscar los recursos para afrontar las situaciones que lo provocan, explorar las tensiones a las que nos sometemos laboralmente, trabajar los miedos y limitaciones del profesional para aprender a vivir plenamente su día a día laboral.

Estas son las palabras de algunos de los protagonistas de esta historia, personas de todos los niveles de la empresa y de todos los puestos, de lo que se llevaron y cómo aplicaron esos beneficios en su vida personal y profesional:

> *En la empresa se han hecho muchas cosas en este sentido: la creación de un espacio donde poder hacer meditación, yoga, relajación. Actividades enfocadas a enfocarse en uno mismo, para ser consciente de que todo empieza por uno mismo, para ver las oportunidades en las amenazas. Al tener esta visión, he aprendido a autocontrolar mi estrés diario y a autogestionarme en mi trabajo.*
>
> *Esto al final lo que produce es que me centro más en lo que hago, me apasiono, y los resultados son más positivos y mejores. Estos últimos meses en los que he asistido a las actividades de relajación me han servido para estar más tranquila y gestionar el estrés de modo diferente, de tal*

forma que no afecta tan negativamente en mi trabajo. Me he sentido más fuerte, motivada y ¡feliz!

Estando en paz interior las dificultades se ven desde otra perspectiva, no como obstáculos insalvables o sin solución, sino como oportunidades para cambiar y ser mejor en todos los aspectos, por lo que la Compañía se ve beneficiada.

Assistant de dirección

Para mí, «paz interior» es sentirme en mi centro, sentir que pase lo que pase puedo respirar y controlar lo que ocurre sin desbordarme emocionalmente o bloquearme mentalmente. Para conseguir esto, para mí ha sido crucial el aprender a relajarme y aprender a meditar. Con ello he aprendido a prestar atención a lo que me ocurre, a mi presente, y esto me ha permitido tomar conciencia y aceptar lo que hay sin pelea. Sin duda esto ha mejorado mi rendimiento, en el sentido de no perderme en momentos de tensión o presión, y comprender que eso solo es pasajero y que depende de mi actitud vivir más o menos relajadamente estas situaciones.

Business Development InfoJobs

En los últimos meses he afrontado situaciones muy difíciles en mi entorno personal. Creo que en el pasado las circunstancias me habrían abrumado, yo me habría deprimido o dado por vencido y hubiera perdido una valiosa oportunidad para aprender de la experiencia. En cambio, gracias a la paz interior, ahora puedo no solo encarar los problemas y buscar soluciones de forma serena, sino también transmitir fortaleza a la gente que me rodea. Creo que, precisamente, la palabra que resume mi sensación actual frente a las dificultades es: serenidad.

Mejora continua y procesos Lean

Todos tenemos días en los que la mente salta de un pensamiento a otro sin podernos centrar, o que estamos tan saturados que nos bloqueamos y no somos capaces de trabajar; puedo asegurar por mi experiencia que diez minutos de silencio lo cambian todo, y mejora mi rendimiento en el trabajo.

Cuando tienes dificultades, puedes rebelarte contra ellas, quejarte, hundirte, rendirte, pero poco a poco fui descubriendo desde esa paz interior que debía aceptar lo que yo no puedo cambiar y tomar decisiones respecto a lo que sí está en mi mano. Tener claro hacia dónde quieres ir, y no darte por vencido.

Sales account InfoJobs

Cuando siento paz interior estoy en paz conmigo mismo y afronto las dificultades con ganas, con fortaleza.

Sales account InfoJobs

La empresa me ha dado herramientas para sentir esa paz interior. He descubierto cómo me benefician la meditación y las clases de relajación, potenciando mi autoconfianza y la fe en la vida y en las personas.

Utilizo las herramientas de la meditación y la relajación en muchos momentos de mi vida cotidiana:

- *Respiro profundamente durante unos minutos antes de entrar en una reunión importante.*
- *Puedo reconocer antes las alertas de mi cuerpo que me avisan en momentos de estrés, por lo que puedo pararme, respirar y evitar que cuando me dé cuenta sea demasiado tarde.*
- *Utilizo técnicas de visualización en el trabajo y en mis proyectos vitales.*
- *Reconozco las aflicciones mentales, les pongo conciencia, pero no permito que tomen el control de mi comportamiento.*
- *Me esfuerzo en practicar la aceptación: si algo no está en mis manos, no me ha de preocupar. Si lo está, me pongo a ello lo antes posible.*
- *Trato de ponerme en el lugar del otro cuando trabajo en equipo o en mi ámbito familiar.*

Responsable SEO-SEM

Para mí no hay mejor recompensa que ver como, intentando llegar a unos objetivos complejos en tiempos de crisis (que los logramos), las personas han transformado su VIDA y la de sus familias.

Como ya habrás comprobado, hay muchos caminos para llegar a los destinos, y la paz interior no deja de ser uno más. Así que elige el que mejor te parezca, yo te ofrezco el que a mí me ha servido. Con paz interior la vida se disfruta con mayor intensidad.

Las empresas han apostado siempre por formar a sus trabajadores en capacidades técnicas o empresariales, pero no han avanzado implicándose en el desarrollo humano y emocional. Ahora llega el momento de equilibrar la balanza, así lo demanda el futuro del mercado laboral.

Alinea lo que te gusta con lo que haces

(Alinéalo o muere cada día un poco. El secreto para estar tranquilo y alcanzar la felicidad es ser tú mismo el máximo tiempo posible)

Alinear algo sugiere la idea de estar en la misma línea. Para mí eso significa vibrar a la misma frecuencia, usar los mismos tonos de colores, estar en una misma tendencia, mirar en la misma dirección, estar acorde con el entorno, tener menos roce cuando toda la línea se mueve, lograr una mayor efectividad o estar en determinada disposición para ser más efectivos. Para mí siempre tiene una connotación de equipo, de pertenencia, de cohesión y armonía, y con ello, de beneficio para cada uno de los individuos que se alinean y pertenecen al grupo.

En un futuro próximo, bajo el zarandeo de las siete fuerzas, el alineamiento de las personas consigo mismas y de las personas con las organizaciones en las que trabajan serán fundamentales. Diversas organizaciones ya nos están avisando, el estrés se está convirtiendo en una de las primeras enfermedades en los países occidentales, y todo parece indicar que se debe al modo de vida en que estamos sumergidos. La OMS calcula que el 25 % de los pacientes examinados por el médico de cabecera presentan síntomas de ansiedad y que a lo largo de la vida el 15 % de la población desarrolla alguno de los trastornos relacionados con esta dolencia. El ambiente laboral es uno de los principales focos de ansiedad y de depresión en los países occidentales y todo apunta a que las cifras pueden empeorar debido a los nuevos modelos de contratos, la inseguridad laboral, la intensificación del trabajo, la elevada carga de trabajo y de presión, una situación emocional extrema en el trabajo y el desequilibrio entre vida personal y vida laboral.

Cuando los intereses de la empresa no se alinean con los míos, se produce un desajuste que hace que me desmotive, que no haga míos los objetivos de la empresa y no me implique lo suficiente como para conseguir esa mejora y esa excelencia que la empresa busca. El estar desalineado lo único que provoca es sufrimiento y cansancio psicológico, desgaste, al tener que disimular lo que uno es durante tantas horas en el trabajo.

Así pues, no solo se trata de mejorar los resultados empresariales (que siempre son mejores cuando se trabaja en un equipo bien equilibrado y bien sincronizado), estamos hablando de nuestra salud como individuos y como sociedad, estamos hablando de tu vida al completo.

La primera de las alineaciones que debemos buscar es la nuestra propia como individuos y aplicarla a todos los cargos y niveles de las empresas. Para ello, yo vislumbro dos aproximaciones distintas:

1. Conocerse y realizar un trabajo profundo de reconocimiento de aquellas cosas con las que disfrutamos

trabajando, y que estén dispuestos a pagarnos por ello, en las que nunca nos falta energía y motivación, donde una gran sonrisa interior nos alumbra mientras las realizamos y nos llenan como seres humanos. Esos trabajos son los que te sientan bien como persona y te alimentan; podrás trabajar sin un gran desgaste por tu parte y encima te desarrollarás y crecerás, encontrarás un sentido a todo tu trabajo. Así pues, busca y esfuérzate para lograr uno de esos puestos de trabajo, allí serás feliz y tu vida cambiará. Estarás en una posición «cómoda» para sobrevivir a las tensiones de las siete fuerzas.

2. Pero tal vez no siempre podamos trabajar en aquello que nos llena. La segunda de las aproximaciones es lograr disfrutar del trabajo que tienes, esa es la herramienta más potente que todos tenemos a nuestro alcance; está en nuestras manos decidir que algo nos gusta y disfrutarlo. Seguro que estás pensando que solo es posible en función del trabajo que uno tiene. Te recomiendo el libro *Fish!: La eficacia de un equipo radica en su capacidad de motivación*, donde podrás leer un caso real en un trabajo como el de pescadero. Aquí tienes uno de InfoJobs:

Siempre he intentado disfrutar en el trabajo. Me apasiona lo que hago. Aprendo cosas nuevas cada día y siento que crezco personal y profesionalmente. En los ocho años que llevo en la empresa he estado en varios equipos y he tenido jefes diferentes, cada uno con su estilo de liderazgo.

La empresa me pidió un cambio a finales de 2008, me propusieron entrar en un departamento nuevo: Marketing en Buscadores. En ese momento no tenía formación en esta área pero vi una oportunidad y no dudé en aprovecharla. Me especialicé y lo convertí en mi profesión. Mi rol ha evolucionado, me he integrado en diferentes departamentos, pero la base surgió de ese reto que me planteó la empresa.

Durante estos años he tenido que moldear mi puesto en función de las necesidades de la empresa. Y no siempre ha sido fácil. Sin embargo, siempre he mantenido la pasión por aprender, la dedicación y el enfoque a los resultados. Los cambios que uno no elige son incómodos, pero también te permiten explorar nuevas formas de ver el mundo, y eso siempre es bueno, profesional y personalmente.

SEO & SEM en InfoJobs

Esta segunda vía es la llave para la eterna felicidad, puesto que eres tú, independientemente de que te lo proporciona la vida, el que decide disfrutarlo. Nadie te podrá quitar nunca esta opción.

Respecto a la alineación con la empresa, la mirada que debemos tener es la de los empresarios o directivos que buscan entregar el mejor resultado. Si eres aficionado al fútbol, al baloncesto o a cualquier deporte de equipo como las carreras de Fórmula 1, donde el ensamblaje de las piezas del coche, la sincronización de todos los mecánicos y el alineamiento de todo el equipo es fundamental para llegar el primero y ganar, te parecerá muy claro que en el mundo empresarial la alineación de las personas y la empresa es un hecho indispensable para el éxito y la buena salud de las personas y las organizaciones. Actualmente partimos de un estadio completamente distinto, donde parece que todo vale con tal de lograr los objetivos; es parte de la herencia que nos deja el origen que tienen las empresas como organizaciones militares (por cierto, el lenguaje que usan las empresas tampoco ayuda: «retener» el talento, «capturar» el talento, «reclutar» personal...). Qué fácil es que las personas se sientan cómodas y puedan sacar todo su valor:

En InfoJobs he podido vivir lo que podríamos llamar la alineación de los astros, y por tanto volcar toda mi creatividad y compromiso. En anteriores experiencias profesionales no había vivido esto, de hecho siempre sentía que era yo la que no encajaba en el mundo empresarial. Y en cierto modo era así, era mi modo de estar en el mundo, mi actitud, lo que no me permitía alinearme. Sin embargo, también las empresas pueden contribuir a crear las condiciones para que las personas puedan crecer y desarrollarse personal y profesionalmente, creando ambientes de confianza y libertad para desarrollar las potencialidades y la creatividad tan necesaria para salir adelante en los tiempos que corren.

Business Análisis en InfoJobs

Si visualizamos a las personas somos como árboles: el ser humano es el tronco y las ramas; la formación y la experiencia serían como los abonos que ayudan a dar más y mejores frutos y a reforzar las raíces; los frutos podrían ser todas aquellas cosas que alguien nos puede dar en la vida personal (amor, compañía, escucha...) o en el ámbito profesional (consejos, resultados financieros, ideas, trabajo...). Las raíces, lo que sostiene en pie al árbol y le permite alimentarse y agarrarse a la vida, sería la confianza, la seguridad, la ilusión de vivir, el amor, los valores. Por lo tanto, si queremos empresas ricas, empecemos cuidando a las personas, facilitándoles espacios y actividades que les permitan conocerse mejor en sus fortalezas y debilidades, en ganar confianza y seguridad, reforcémosles como seres humanos para poder sostener todos los frutos que esperamos de ellos, aligeremos sus cargas para que no se rompan porque podemos perderlos para siempre.

En mi entorno veo muchas empresas que financian cursos de formación a sus empleados para que sean más productivos, pero pocas que engrandezcan al ser, al tronco, para que las personas puedan sostener la presión de los resultados, la presión del cambio constante, y su propia vida.

La empresa es un ecosistema donde convive un grupo de personas, y para una correcta simbiosis siempre tiene que haber un beneficio mutuo. El poder trabajar en una empresa donde se alinean mis intereses con los de la propia compañía hace que uno sea y se muestre como uno mismo, y esta circunstancia sin ninguna duda repercute despertando la creatividad, el compromiso, la motivación y, por supuesto, la productividad. He trabajado en empresas donde esta alineación no existía y desgraciadamente esto supone un despido interior dentro de la compañía.

Departamento de ventas de InfoJobs

Cuando tus intereses no se alinean con los de la empresa es como una traición a ti mismo, tienes que saber hacia dónde va la empresa, cuáles son sus valores y sentirte reflejado en ellos; sentirte acompañado por la empresa y alineado con sus prioridades es un impulso que te hace agradecer cada día el estar trabajando para una empresa así, que te hace llegar a la oficina con una sonrisa.

Departamento de ventas de InfoJobs

Si queremos organizaciones de alto rendimiento debemos preparar a las personas, involucrándolas y haciéndolas partícipes, porque no hay mayor fuerza en esta tierra que la voluntad humana. Logremos pues que cada empleado sea un potente tronco que aporta algo a nuestro bosque (la organización), lo cual hace imparables a las empresas que lo logran.

Como seres humanos, si queremos sobrevivir en el futuro, debemos alinear nuestros intereses con nuestro trabajo, hacer aquello que nos guste, o aprender a disfrutar de lo que tenemos. En cualquier otro caso prepárate a morir cada día un poco mientras trabajas y las siete fuerzas te remueven.

Cuarta parte

Pequeños juegos para crecer

Entrenarse, humanizarse, amar a las personas, gestionar las emociones y las incertidumbres, aprender a decir no, atraer la espiritualidad, desarrollar los valores, facilitar el desarrollo personal, transformar actitudes, etc. En esta parte compartiré contigo pequeños ejercicios poderosos que me han ayudado a lo largo de mi trayectoria y que he compartido con las personas que me han acompañado en los que he corroborado su efecto. Puede que te parezcan inofensivos, pero ahí radica su poder, en su sencillez.

Después de mi separación, el dolor era tan intenso que de alguna forma empecé a protegerme, a aislarme emocionalmente para no sentir todo eso que me dolía, y en ese proceso dejé de sentir el dolor pero, poco a poco, también dejé de sentir la alegría, el amor y todas aquellas emociones buenas. Era como si mi corazón se estuviera congelando. Hasta que no pude más, y entonces empecé a trabajar para deshacer esa armadura y volver a vivir. Personalmente, estos ejercicios que te presentaré me han ayudado, en el proceso de humanización que yo he vivido, a gestionar mis emociones o las incertidumbres del camino, a transformar mi actitud vital frente a los demás y la vida misma.

Hay ejercicios para conocerte mejor, para desarrollar la conciencia, para cortar lazos... Deseo que en ellos encuentres aquello que necesites para volver a ser tú.

El espejo del carácter

Haz una lista de palabras que definan cómo te ves a ti mismo, cubriendo todos los aspectos relevantes desde tu punto de vista: cómo te muestras en tus relaciones con otras personas, en tu trabajo y en tu vida personal, con los conocidos, con tus amigos en particular y con tu pareja (tres ejes distintos en los que no tienes por qué comportarte exactamente igual), o cuando tienes que relacionarte con desconocidos... Puedes dar el primer paso creando una lista general de comportamientos, cuanto más amplia mejor, y una vez la tengas puedes empezar a reflexionar acerca de cuáles pones en cada uno de los entornos. En caso de estar presente en varios, identifica cuáles son los matices o grados que los diferencian. Puede suceder que haya comportamientos generales que finalmente no los coloques en ninguno de los entornos que has definido, no pasa nada.

Cuando hayas terminado, busca en cada entorno las tres características que, a tu modo de ver, son más importantes en ti. Ahora ha llegado el momento de buscarte aliados en cada uno de los entornos y preguntarles a ellos para que te hagan de espejo. ¿Cuáles son las tres características que más claramente ven en ti?

Ya tienes una primera información con la que comprobar si te ven como tú piensas, ya estás empezando a descubrirte. Esto te reforzará en algunos casos si esas opiniones coinciden con tus ideas; te descubrirá ciertas capacidades que entregas a los demás sin darte cuenta, puede que incluso estén ahí algunos entornos que no te has atrevido a poner de tu lista, y es posible que algunos de los que tenías una certeza absoluta no sean percibidos por otros. También te dará información sobre cómo te ven en función del contexto en el que estás.

El pozo de los deseos

Con las características que se encuentran en unos entornos y en otros no, puedes decidir si quieres activar alguno de ellos en entornos nuevos (realmente ya los tienes, puesto que te los reconocen). Si ese es tu deseo, puedes empezar a pensar cómo lo harás para que los demás se den cuenta.

En el caso de los atributos que no hayas logrado colocar en ningún entorno, pregúntate cuáles son los que te gustaría tener pero no los consideras tuyos. Pregúntate qué te impide disponer de estos recursos que tanto deseas (lo que realmente se desea, se puede alcanzar). Ahora ya tienes un mapa de deseos y barreras. Puedes buscar un especialista o una persona cercana que te ayude en ese tránsito. A lo largo de mi vida he encontrado ese apoyo en amigos, en coaches, a través de los programas que he realizado…

Finalmente, con los entornos que tú has puesto en la lista pero la gente no considera como los tres principales, pregúntate para qué te sirve a ti ese atributo, qué ganas tú al creer que lo tienes. Aquí puedes descubrir cosas que llevas en tu mochila por alguna necesidad propia que realmente no es tal, entonces tú puedes decidir si seguir con ello o desecharlo.

Qué día tan precioso

Cada noche, antes de ir a dormir, cuando ya estés en la cama, identifica todas las cosas bonitas que te han pasado a lo largo del día. Busca al menos tres de ellas, porque seguro que tienes muchas más. Este ejercicio te ayudará a darte cuenta de todas las cosas buenas que nos pasan cada día y a darles la importancia que se merecen. En tu álbum de fotos para enseñar a los amigos no pones todas las que tienes, solo las que más te gustan; de eso se trata, de quedarnos con lo bueno para crecer con ello. Además despertará tu conciencia, y actuará como un limpiador del día, de modo que al dormirte con pensamientos positivos tu descanso será más profundo y reparador.

Gracias a la vida

Antes de acostarte, piensa en las cosas que tienes por las que dar gracias a la vida. Un techo donde dormir, una cama compartida, una cena, el agua caliente del grifo, el ascensor para subir a mi casa de la planta 8, una palabra bonita de tus hijos o pareja... Hay tantas cosas que agradecer cada día... Personalmente hay varias que no me canso de incluir. Una de ellas es la capacidad de ver, ver los colores del día para disfrutar con el azul del cielo o el verde vida de las plantas, ver el camino que debo andar para ir al trabajo o al supermercado, o ver la cara de felicidad de mis niños cuando se acuestan. He vivido durante tres años cerca de la sede de la ONCE y ver a personas ciegas moverse por la calle despertaba mi agradecimiento por ver. Otra cosa que incluyo es el hecho de respirar, algo tan trivial que ni siquiera le damos importancia, cuando, en realidad, si no podemos respirar morimos. Si tienes a alguien cercano con problemas respiratorios comprobarás el sufrimiento y las limitaciones que esto produce, yo agradezco poder respirar bien para vivir y tener libertad de movimientos.

Tan solo tienes que repasar tu día y, con tu voz interior, dar las gracias por ello a la vez que identificas lo que te ha aportado. Yo suelo usar algo así: «Gracias por mi salud, porque me ha permitido moverme todo el día sin ninguna dificultad». El agradecimiento abre el corazón, y con ello llegará un momento que podremos hacerlo muy fácilmente con otras personas.

Este ejercicio se puede realizar antes del anterior, pues nos servirá de preparación y nos facilitará encontrar las cosas buenas que nos han pasado durante el día. También potenciará nuestra conciencia.

La gratitud, el mejor regalo

Para los más avanzados, tengo una herramienta mágica. Nosotros la hemos usado durante muchos años en InfoJobs y su efecto es increíble, por lo que voy a contarte cómo la desplegamos en nuestra empresa, aunque la puedes usar también a nivel personal con tus relaciones.

Es el día anterior a la cena de Navidad de la empresa, son más de las once de la noche y casi todo está cerrado. Mañana es un día para compartir con todas las personas de la compañía y queremos tener nuestros agradecimientos. Busco por todas partes y solo encuentro abierto un OpenCor. Quiero comprar pósits en forma de corazón, pero solo tienen seis paquetes de doscientos, y no será suficiente para los 250 que somos, así que pregunto si me pueden indicar algún otro centro de Barcelona donde pueda ir a recogerlos. Tendré que ir a tres lugares para conseguir los 7.000 pósits que necesitamos. El año pasado nos quedamos cortos.

El juego consiste en escribir en el corazón un agradecimiento a otra persona, este puede ir firmado o ser anónimo, dejándolo en el lugar que ocupa en la mesa durante la cena o entregándolo en persona. Algo tan sencillo como esto produce magia. ¿Qué sucede esa noche? Las personas abren su corazón y escriben sus frases para otros, desnudando sus emociones y mostrándoselas «tal cual». ¿Qué sucede cuando recibes un agradecimiento por algo? Te sientes estupendamente, tus endorfinas se multiplican, te sientes grande de corazón y acción, capaz de todo, y aquello que te han agradecido queda grabado en tu alma. Sin duda, a partir de entonces lo repetirás con mayor entusiasmo si cabe. También nace en tu interior la voluntad de agradecer a otros, y el efecto «bola de nieve» se hace realidad. El año anterior se repartieron 6.000 corazones, casi diez para cada persona. El agradecimiento produce alegría y genera vínculo, así que la energía individual y grupal de la organización era increíble. Pero no todos recibieron por igual: unos, muchos; otros, menos; algunos, pocos. Esa resulto ser una magnífica manera de poner delante de toda de la organización a los grandes contribuidores. Pero ¿sabes qué sucede cuando con tus propios ojos ves como tu compañero de al lado recibe muchos más agradecimientos que tú? Te preguntas por qué, qué he de hacer para conseguirlos, y empiezas a verlo como un compañero del que aprender, o por el contrario no aceptas la situación y empiezas a desconectar de la compañía para irte.

El agradecimiento es una motivación positiva por haber hecho algo (acción, actitud...), y por tanto alimenta de fuerza al que lo recibe para que lo repita; además es un gran generador de vínculo (todos queremos estar al lado de quien nos ve, reconoce y agradece). Este pequeño ejercicio de agradecimiento puedes usarlo tanto en tu entorno laboral como en tu vida personal (yo tengo los corazones en casa). En el trabajo te servirá para reforzar las relaciones, para que te vean con otros ojos, para mejorar las dinámicas de relación, y en casa te ayudará a educar a tus hijos desde lo positivo.

Para los más avanzados se recomienda entregar el corazón cara a cara, pero si todo esto te cuesta un poco es muy fácil empezar dejándolo en su mesa de trabajo, en su cuarto o en aquel lugar que sabes seguro que lo encontrará. ¡Pruébalo y verás la MAGIA!

Yo soy

Este juego es una pequeña variación del primero. Busca alguien con quien trabajar, puede ser un amigo, un compañero de trabajo, tu mujer... Si te cuesta encontrar un compañero o te cuesta el ejercicio en sí, puedes hacerlo delante de un espejo, hablando contigo mismo, aunque te perderás la riqueza que tu compañero puede darte y no reforzarás la conexión con él. Sentaos frente a frente, lo suficientemente cerca para sentirte cómodo, y mira todo el tiempo a los ojos de tu pareja para poder percibir la conexión entre ambos. Se elige quién empieza, de forma que en esta primera ronda uno habla y el otro solo escucha.

Nos sentamos, nos miramos en silencio durante un tiempo para establecer la conexión y, cuando la sentimos, empezamos. El que tiene el turno de hablar deberá empezar cada frase con «Yo soy...» (por ejemplo: «Yo soy honesto, yo soy trabajador, yo soy amante de la vida, yo soy alegre...»), y no debe dar ningún porqué ni explicación al respecto. Se trata de sentir todo aquello que decimos de nosotros (sin mente, por ello no damos explicaciones para que lo racional no aparezca), como si tuvieras que localizar en tu cuerpo dónde se halla el efecto de la palabra dicha. El que habla lo hará durante un total de cinco minutos, dejándose sentir sus palabras mientras mira a los ojos de la otra persona. El que escucha, solo escucha, manteniendo la mirada en los ojos del compañero, recibiendo las palabras y sintiendo qué efecto tienen en sí mismo, pero siempre en silencio y con la atención puesta en el otro. Después de los cinco minutos se intercambia el rol.

Este ejercicio te ayuda a conocerte mejor porque cada palabra dicha tendrá una resonancia distinta en tu interior, y así comprenderás mejor el alcance y la profundidad de cada una de ellas en ti. Si eres capaz de hacerlo con una pareja, te abrirá a una conexión profunda con ella; es como si por fin desnudases tu alma para esa persona, y, por tanto, el esfuerzo de guardar tus secretos desaparecerá y una nueva paz emergerá en tu interior a la vez que te sentirás unido a esa persona de otra manera (recuerda que ella hará lo mismo para ti).

Puedes repetirlo tantas veces como quieras, verás como cada vez la profundidad es mayor. Ten presente que la autoconciencia no se logra en un día.

Voy a ser

Esta propuesta es una evolución de la anterior, se utiliza una vez has profundizado en ti para empezar a construir aquello que te gustaría cambiar o adquirir para ser una persona más segura, más alegre, más tranquila...

Se trata de repetir la misma dinámica, pero ahora utilizaremos la fórmula «Me gustaría ser... para...» como forma de expresión. Con esto tu inconsciente empieza a prepararse para aquello que deseas alcanzar, y se perfila la forma en que lo utilizarás si lo consigues. Aquí podrás sentir por qué cosas estás dispuesto a trabajar para lograrlo.

Después de varios ejercicios de este tipo seguro que tienes claro por dónde quieres empezar, así que elige uno de ellos. Ahora harás lo mismo con «Voy a ser...», pero esta vez tendrás que explicar qué cosas vas a hacer para lograrlo, de forma que el que escucha irá escribiendo todo aquello que tú vas diciendo. Deja que su interior te dé las respuestas, siéntelas antes de decirlas, que no sean solo soluciones mentales, ya que estas no tienen fuerza.

Pequeño destello de conciencia

Seguro que en tu vida diaria hay pequeñas cosas a las que no das importancia (y no la tienen) y que te cuesta hacer por tu forma de ser. Pueden ser cosas como apagar las luces al salir de las habitaciones, cerrar los armarios, tapar la pasta de dientes, bajar la tapa del váter, comer despacio... Y quizá te suceda al revés, que te sientas atrapado por las obligaciones y te gustaría liberarte, dejar la pasta de dientes abierta... Para empezar, sé consciente de ellas y elige una o dos para trabajar tu conciencia. Una vez las hayas elegido, escribe en un papel ese reto de conciencia que hoy empiezas, de forma que cada día puedas chequear y registrar si has sido capaz de lograrlo. Es interesante que el formato te permita ver la evolución diaria y semanal. Seguramente el primer día no conseguirás muchos avances, pero con un poco de atención por tu parte y constancia verás reflejada en la hoja tu evolución. Cuando veas que todos los días de una semana lo has hecho, significa que ya lo tienes, que has logrado un pequeño despertar de la conciencia, y ahora ya puedes elegir cómo hacerlo en cada momento.

Tu nuevo reto puede ser, por ejemplo, realizar el ejercicio durante dos semanas consecutivas, o un mes, o aplicarlo a otra cosa sencilla, o puedes dejarlo aquí. Ahora tienes una pequeña luz de conciencia. Lo realmente valioso es que has aprendido a cultivarla, y que esta luz y este método lo puedes aplicar a otros campos más complejos. De eso trata este ejercicio, de plantar conciencia y aprender a cuidarla en las zonas de fácil arraigo para llevarla a terrenos complejos y lograr que allí crezca.

¿Por qué es importante despertar la conciencia? La conciencia es la que nos hace darnos cuenta de las cosas que nos suceden, las que nos gustan para disfrutarlas y las que no nos gustan para aprender de ellas. Ser consciente implica poder elegir y significa tener el poder para hacer las cosas como uno desea y asumir las consecuencias de ello. Ser consciente te traerá una nueva forma de vivir. Sin la conciencia nada puedo cambiar en mí, ni a mi alrededor ni en mi vida.

Sacar la basura

No es lo mismo pensar sobre los temas que nos tensan que escribirlo o verbalizarlo. Al pensar y analizar estamos meditando y tomando conciencia, pero es al expresarlo mediante la escritura o hablando cuando realmente sacamos la tensión del cuerpo.

Es como cuando en casa vamos llenando la bolsa de la basura: podemos meditar sobre cómo tener menos basura, cómo reciclarla mejor, pero si no sacamos la bolsa a diario acabará produciendo mal olor y líquidos con los que podemos resbalarnos y hacernos daño. De ese resbalón y sus consecuencias no podremos decir que son a causa del despiste, el verdadero problema quizá esté, simplemente, en no haber bajado la basura cada día, no haber dedicado ese tiempo a vaciar lo que nos sobra, para realmente estar limpios y en armonía.

Este ejercicio te ayudará a lavar tu estado emocional. Durante siete minutos y con un temporizador de cuenta atrás, como los que se usan en la cocina, tienes que verbalizar o mejor escribir en un papel cada día acerca de la tensión provocada por alguno de los siguientes temas:

1. Fuerza, madre
   - ¿Qué te hace perder fuerza en tu vida?
   - Relación con tu madre, o tú como madre, ¿qué te tensa?
2. La seguridad y la acción
   - ¿Qué te produce inseguridad en tu vida, y ante qué situaciones, personas, emociones estás inseguro?
   - ¿Qué quieres concretar y no puedes? ¿Qué acciones quieres tomar y no tomas?
3. Lo social, lo externo, la pareja
   - ¿Te dejas llevar en algo por lo social y eso te produce tensión? ¿Qué relación tienes con lo externo que te tensa?
   - ¿Qué tensiones hay en el concepto de pareja, cómo vives la pareja, qué te produce tensión de esta relación?
   - ¿Pones donde quieres los límites a lo externo? ¿Tienes bien definidos tus límites internos? ¿Cuáles no?
4. El padre, los obstáculos
   - ¿Qué tensiones hay con tu padre, su figura, o tú como padre?
   - ¿Qué obstáculos tienes y te cuesta saltar? ¿Cuáles apartas y no afrontas la posibilidad de saltarlos?
5. Tu espacio personal
   - ¿Está bien definido tu espacio? ¿Está invadido por algo o alguien tu espacio?
   - ¿Tienes tu espacio?

6. Armonía, dinero
   - ¿Qué sientes que te quita tu armonía?
   - ¿Tienes tensión en tu relación con el dinero? ¿Tu relación con el dinero es fluida en todos sus campos?
7. Rutinas, cambios
   - ¿Hay rutinas en tu vida que no te nutren y quieres cambiar o variar?
   - ¿Cómo estás viviendo los cambios en tu vida? ¿Los asumes y te ubicas o te dan tensión? ¿Cuáles?

Después de que se acaban los siete minutos tienes que decir la frase siguiente dos veces: «Soy consciente de que parte de la tensión que tenía almacenada en mi cuerpo podía estar referida a estos temas, pero ahora al expresarla mediante la verbalización o la escritura la saco de mi cuerpo, y dejo que este se recupere». Una vez leído puedes quemar el papel o simplemente romperlo y tirarlo a la basura.

Conviene hacer este ejercicio todos los días hasta que se aprecie mejoría. Toda esta tensión se refleja en el cuerpo, y hasta que no se libere mediante la verbalización es difícil que desaparezca, puede mejorar con tratamiento de masaje, osteopático o cualquier otro de tipo estructural, pero el dolor volverá si no se ha liberado la parte emocional.

Desconexión

Este ejercicio, bien hecho, te lleva a desconectar tu mente y a lograr la calma mental, y desde ese estado todo parece más claro. En el proceso podrás observar y reconocer ciertos mecanismos que utilizas en tu vida real de forma automática. Es sencillo pero poderoso.

Consigue un libro de mandalas, busca tiempo que puedas regalarte, mientras esperas a tu hijo a la salida del cole o sentado en el metro o en tu habitación favorita. Si quieres, y el lugar te lo permite, puedes hacer un pequeño ritual antes de empezar, como poner un incienso o aromatizar la estancia con alguna esencia, o prepárate un té. Los rituales con intención ayudan a prepararnos para lo que está por llegar. Píntalo conscientemente, metiéndote y viviendo el mandala, con todo tu amor y paciencia, y sin salirte de las líneas, prestando atención a las cosas que te suceden, a los pensamientos que te llegan y a lo que sientes mientras lo pintas, y anótalo en tu diario de conciencia. Verás como algo tan sencillo puede calmar tu mente con un poco de paciencia y darte mucha información sobre ti. Seguro que reconocerás comportamientos y situaciones que vives en tu vida real.

Gestión de las emociones

En este ejercicio practicarás la atención, la conciencia de uno mismo y la respiración abdominal. Es un ejercicio fabuloso para gestionar mejor las emociones.

Muchos adultos han olvidado cómo respiraban cuando eran pequeños. Si tienes algún bebé cerca en tu vida, fíjate cómo lo hace mientras duerme y verás que en el más puro estado de relajación ellos respiran con el abdomen. El estrés de la vida nos ha hecho subir la respiración a los pulmones. Por ello, practica conscientemente en casa la respiración abdominal antes de empezar con este ejercicio. Si te resulta complejo, puedes tumbarte boca arriba, poner las manos sobre tu ombligo y ver si eres capaz de respirar con el abdomen, la presencia de las manos te ayudará a identificar la zona y, con práctica, a bajar la respiración.

El ejercicio es muy fácil, cuando detectes situaciones en las que te sientas presionado, o con pensamientos descontrolados (positivos, negativos o neutros), utiliza la respiración abdominal y céntrate en tu respiración, bájala de los pulmones al abdomen. Verás como te resulta más sencillo gestionar esa situación o esas emociones que te embargan.

La ducha

Esta es una buena herramienta para convertir una acción cotidiana, y aparentemente carente de valor más allá de asearse, en una herramienta consciente y con propósito. Yo lo practico por las mañanas cuando me ducho, y me sirve para despertar el cuerpo y tomar mayor conciencia sobre él.

Se trata simplemente de aprovechar que enjabonas una parte de tu cuerpo para agradecerle a este el servicio que te proporciona a diario, revisando así todo tu cuerpo y prestando especial atención y acción a aquello que desees reforzar. Al hacerlo te obliga a realizar una reflexión, por ejemplo, sobre cómo soportan tus pies cada día todo el peso del cuerpo, encerrados dentro de unos zapatos, siendo la conexión con nuestra madre tierra que te sostiene, facilitando la capacidad de andar. ¡Y qué poco se quejan! También te obliga a estar presente y consciente de lo que estás haciendo y en qué parte de tu cuerpo estás trabajando.

Mi propósito es sanar el cuerpo, reconectar con mis emociones para que el trabajo diario no las congele, abriendo el corazón para sentir más (y te puedo asegurar que funciona, es el poder de la intención). Por mi carácter, y como ya he explicado anteriormente, dejarme sentir las emociones y sostenerlas ha sido un proceso de vida para mí, entonces cuando llego al corazón utilizo un jabón exfoliante y los granitos que contiene me dan mayor presencia. Mientras, con la mano hago círculos en el sentido de las agujas del reloj, agradezco mentalmente cómo palpita por mí y mueve la vida a todo mi cuerpo, agradezco todas las emociones que me hace sentir, imaginándome una flor que se va abriendo poco a poco al recibir mis agradecimientos y reconocimiento, empezando a emanar una luz verde como si fuese su sonrisa, y siento una corriente de «algo» que sale de mi cuerpo y se expande.

Cuando practicas la presencia, la atención, la conciencia del instante actual, el reconocimiento y la visualización estás labrando una vida mejor para ti y haciendo crecer estas cualidades en tu interior para ser usadas en tu vida personal y profesional:

- Presencia: al vivir con intensidad y profundidad el instante presente, no importa todo lo que vendrá luego.
- Atención: para reconocer en qué parte de tu cuerpo estás trabajando, poniendo la atención en ese punto.
- Conciencia: de lo que hace cada parte de tu cuerpo por ti, de lo que te perderías si dejase de hacerlo, y de cómo tu cuerpo se alegra y se sana cuando tu mano acaricia la piel con el poder de tu intención y la visualización.
- Reconocimiento: agradeciendo lo que hace cada órgano, cada hueso y cada parte de mí para que mi vida pueda desarrollarse.
- Visualización: veo en mi mente y siento lo que estoy viendo.

El servicio a la vida

Al realizar este ejercicio desarrollarás la conciencia de cómo aportarás algo al mundo, practicarás la poderosa contribución desapegada. Los beneficios del servicio a la vida aumentarán tu satisfacción, tu paz interior y tu autoestima.

En el transcurso de tu vida diaria presta atención para detectar en qué puedes ayudar o darte un poco más de lo que habitualmente te das. Seguro que a tu alrededor se crearán situaciones donde tú puedes favorecer, solventar o acompañar, y entonces pregúntate: ¿en qué puedo ayudar a esa persona?; ¿cómo puedo ayudarla?; ¿qué puedo hacer por ella? Ahora solo queda que te pongas en movimiento y des tu regalo a esa persona o situación.

Este ejercicio es recomendable hacerlo durante un período mínimo de 27 días consecutivos para dar profundidad, para darte tiempo a apreciar la diferencia entre el primero y el último día, para establecer hábitos saludables. Recoge tus experiencias en un pequeño diario, así este se convertirá en un espejo donde observarte y ver la transformación que se está obrando en ti. Todo lo que entregues a la vida con desapego, te será devuelto por la vida con creces.

Cambio de velocidad

En este ejercicio tienes que cambiar tu velocidad por un tiempo. Se trata de andar muy despacio, ralentiza tus pasos todo lo que puedas durante un trayecto a pie (eso sí, tenlo en cuenta en tu agenda), ello te permitirá apreciar la vida a tu alrededor de otra forma. Es como viajar en AVE mirando por la ventana: si miras al horizonte aún puedes ver algo, pero si miras cerca, las cosas pasan demasiado rápido para apreciarlas, y si bajásemos mucho la velocidad podríamos contemplar muchos detalles.

Ello te ayudará a desarrollar la conciencia (tendrás que ralentizar tus movimientos y ser consciente en todo momento para no dejarte llevar por la tendencia natural y acelerarte), practicarás la paciencia (se aconseja un recorrido mínimo de 15-20 minutos, y puede ser con una alarma que te avise o con un recorrido determinado), tu capacidad de atención crecerá (observa cómo te sientes por dentro mientras haces el ejercicio, así como las cosas cotidianas que suceden y que nunca tienes tiempo de ver). Cuando hayas logrado disfrutar con la experiencia, y si estás atento, verás que tu ser interior se calma, que tus pulsaciones y todo tu organismo se relaja, que las presiones externas que puedo tener se aflojan. Así pues, aquí también tienes una buena forma de reducir tu estrés.

Una vez transcurrido el tiempo que te has planteado vuelve a la velocidad normal y experimenta la diferencia. Ahora puedes comprender que en la vida, como en el camino, tú elijes la velocidad, y con ella las vivencias que tendrás.

Testimonios

(Empresas y personas)

Aquí recojo una serie de testimonios de empresas que actualmente ya están en la línea que propongo, y testimonios de personas que consideran que las empresas con alma han cambiado sus vidas.

En el recorrido de este libro he intentado mostrarte las tendencias y fuerzas que hoy se están desatando y van cogiendo forma y tamaño para transformar el mundo en que vivimos y, en consecuencia, el concepto mismo de vida. Cuando miro hacia atrás, siento que desde que nací he estado en este cambio, y, al igual que tú, he ido adaptándome y transformándome para seguir adelante, pero ahora todo se acelera y se prevé que los cambios serán más drásticos y rápidos que nunca, y, como bien sabes, creo firmemente que el mejor camino para este cambio de era es potenciar la humanidad que todos llevamos dentro. Lo he vivido en InfoJobs y he visto sus resultados.

En junio de 2010 asumí la dirección general de InfoJobs en plena crisis, por lo que nuestro modelo de negocio y, por tanto, nuestros ingresos se vieron fuertemente afectados. La empresa consigue sus ingresos a través del pago por publicar el anuncio de un puesto de trabajo, y la crisis hizo que las empresas empezasen a despedir a personas y dejasen de contratar, con lo que nuestros ingresos cayeron en picado. Las redes sociales se abrían como una opción para encontrar trabajo y amenazaban con cambiar bruscamente nuestro mercado. Acabábamos de vivir dos transiciones en nuestro accionariado y ahora pertenecíamos al cien por cien a la multinacional Schibsted. Los ingresos seguían cayendo y no veíamos su fin. Las personas que trabajaban en InfoJobs tenían familiares o amigos que habían perdido su trabajo, ellos mismos estaban inquietos por un futuro incierto, lleno de cambios, dudas y amenazas nuevas. La compañía se encontraba en medio de una turbulencia que podía acabar con ella. Cuando recuerdo ese momento, pienso que tiene muchas similitudes con todo lo que envolverá el mercado laboral en el futuro.

Desde la dirección general empecé a andar el camino para poner en práctica todo aquello en lo que creía y que, después de mi experiencia y con mi visión de futuro, forma parte del camino a recorrer que he expuesto. Empecé a crear una empresa basada en el conocimiento de uno mismo, la comunicación, la transparencia, la sinceridad, la escucha, la visión de conjunto y la participación de todos; quería una empresa en la que las personas fuesen lo más importante, un lugar donde trabajar, pasarlo bien, crecer personal y profesionalmente y donde las personas fuesen felices. La confianza, el trabajo en equipo, la entrega a los demás, la serenidad y los resultados fueron desplegándose dentro de la empresa para superar todas las dificultades del momento. La participación de las personas aumentó, la innovación y las nuevas ideas llegaron de todas las áreas y la compañía floreció de nuevo.

Por ello considero importante conocer los testimonios directos de personas de todos los departamentos y de todos los niveles jerárquicos de la empresa que estuvieron y siguen estando en InfoJobs, de otros que se fueron para sembrar esta visión en otras empresas y de aquellos externos que siempre creyeron en el proyecto y con su trabajo, ilusión y esfuerzo nos ayudaron a recorrer el camino de la transformación para hacerlo real. Las palabras y las vivencias de cada una de esas personas tienen mucho más valor que todas mis palabras, ellas son la prueba de nuestro viaje y la evidencia de nuestro éxito.

También encontrarás los testimonios de algunas empresas, de distintos sectores, que se encuentran en este mismo camino. Cada una de ellas está en un momento distinto, y cada una tiene su propia forma de implementación, pero todas creen en el ser humano como elemento diferencial para construir y liderar organizaciones, y ven en su felicidad la clave para las empresas del futuro. Se trata de organizaciones humanas que obtienen resultados sobresalientes.

Leerás sus palabras, sus experiencias y sus puntos de vista. Cada uno de ellos te contará lo que considera relevante de este «viaje al Ser» que tiene lugar en InfoJobs, así como los resultados que trae consigo. Espero que te sirvan para abrir un poco más los ojos y ver claro el futuro.

Personas sin personas a su cargo

No importa en qué área de la empresa se trabaje ni qué estudios o creencias se tengan: los resultados se dan en todo aquel que recorre el camino. Aquí tienes las vivencias de algunas personas que trabajan o han trabajado en InfoJobs, escritas con sus propias palabras. Todas son personas que no tienen empleados a su cargo, pero a todas les pareció que su vida personal y profesional mejoró con el proceso que vivieron.

InfoJobs me ofreció desde el primer momento herramientas de crecimiento personal. Sin embargo era incapaz de aprovecharlo, tenía resistencias que me impedían crecer. Si la propia persona no siente el deseo de evolucionar, no hay cambio.

Observando a otros empecé a darme cuenta de que su actitud despertaba en mí un deseo de cambio. Veía en otros una luz que me hacía sentir bien estando con ellos. Esas personas me hacían aprender de sus palabras y de sus hechos. No juzgan, no sienten odio ni por personas, ni por las incertidumbres en el trabajo, ni por los momentos, no se sienten amenazados. Me di cuenta, además, de que había algo en común en esas personas que me atraía: la ausencia de miedo.

Como por arte de magia entendí que necesitaba controlar mis miedos, tomar las riendas dejándome llevar por mi instinto, sintiendo el amor hacia todo lo que me rodea y agradeciendo todo lo que tengo.

Cuando consigues darte cuenta de esto puedes encajar de nuevo el puzle de tu vida. Puedes poner armonía en casa, puedes trasladar al trabajo tus deseos y pasar a la acción, puedes ser el protagonista de lo que quieres conseguir y no esperar a que otros te lo den hecho, o lo hagan por ti.

Cuando consigues esto sientes paz interior, no hay sitio para rencores, te sientes limpio y esa limpieza te da fuerza. La fuerza se contagia y nada parece inalcanzable, rindes más en el día a día y formas equipo con los que te rodean porque se contagia la pasión. La creatividad se dispara porque tu mente no tiene límites, como tus sueños. Y así, con esa paz y ese sentimiento de haber crecido, te sientes feliz porque eres el dueño de lo que te pasa.

Comercial y ventas

Hace ya casi ocho años que soy comercial en esta compañía que me ha ayudado a mejorar mi vida, y muchos sentimos que la felicidad de las personas es el motor del éxito de la compañía.

Aquí vivo la experiencia del trabajo sano. Con esto no quiero decir que tenemos ausencia de problemas, ellos nos regalan la posibilidad de aprender y mejorar. Lo mejor de todo es que es la propia compañía la que me acompaña en el aprendizaje.

Aquí aprendí que buscar y encontrar intenciones maliciosas en los demás no tiene ningún sentido. Si frente a las actitudes de los demás que me duelen y no comprendo, soy capaz de plantear mis dudas de manera abierta y sincera, entonces le otorgo al otro la posibilidad de una respuesta enriquecedora. Ganamos todos.

Aquí aprendí que no vale buscar culpas fuera, ante situaciones difíciles asumo la responsabilidad que me corresponde. Me convierto en responsable de mí misma. Y exijo sanamente que todos hagamos lo mismo.

Entendí de verdad que no podemos esperar a tener esto o aquello para ser felices. La felicidad es el vehículo que te elevará a la mejor versión de ti. Siendo realmente feliz encuentras abundancia y prosperidad a todos los niveles.

Comercial y ventas

Me sorprendió ver a tantas personas felices haciendo su trabajo. Han pasado ocho años desde ese día y me siento afortunado de formar parte de la compañía que me regala tantos motivos para hacer mi vida un poco más feliz.

Mi cambio vino dado en un viaje hacia el interior en el que afloran fracasos, emociones e ilusiones. Ha sido un proceso que me ha servido a nivel personal principalmente en la aceptación de mis limitaciones y en una visión clarificadora de mis objetivos de vida. Este cambio ha sido posible gracias a una empresa y una dirección que cree en las personas y que pone todos los medios a su alcance para hacerlo posible.

Este proceso de cambio no solo ha supuesto una visión más clara de mí mismo sino de todas las personas que me rodean y de cómo nos diferenciamos en la forma de expresar nuestras carencias y miedos, y también nuestras semejanzas, en la búsqueda de la aceptación, del cariño y, en definitiva, del amor. Uno de los mayores cambios ha sido el aprendizaje de escuchar tanto en lo personal como lo profesional.

Comercial y ventas

Con el trabajo de coaching descubrí mis miedos y creencias limitantes, y se produjo un cambio en mi forma de trabajar, de relacionarme con mis compañeros, de tratar con los clientes. Es como estar en una jaula en la que te sientes seguro y atreverte a derribar los muros para decidir hacia dónde quieres ir y lo que quieres hacer en cada situación, sin que haya un miedo detrás que te paralice o te haga cambiar el rumbo.

El programa SAT me ayudó a conectar con la compasión y poder verme a mí misma y a los demás desde un prisma más amoroso. Me sorprendió cómo cambió mi relación con personas a las que prefería no ver; al producirse un cambio en mí, parecía que ellas habían cambiado también, pero realmente era mi percepción la que se había transformado. Podía percibir lo que antes eran conflictos desde otro punto de vista, dejar de mirarme el ombligo para ver también a la persona que tenía enfrente, no tomarme las cosas como algo personal.

Ser yo misma es lo que me permitió ser más feliz y en InfoJobs me animan a ello.

Comercial y ventas

La empresa me facilitó herramientas para poder conocerme a mí misma, y supuso una revelación. Cambió mi forma de ver la realidad. Una realidad distinta donde yo soy y donde los cambios suceden y se convierten en oportunidades para evolucionar, transformarse y mejorar. Lo apliqué a mi trabajo diario en InfoJobs y obtuve resultados. Me sirvió también para ver a las personas desde otras perspectivas, observar sus acciones y poder entenderlas mejor en muchos casos. Adquirí una visión más amplia y profunda de cómo interactuamos.

Esto se ha traducido en una mayor productividad. Me siento parte de una organización a la cual le importo también como persona, y me siento implicada en lo que hago y hacia dónde vamos como empresa.

Al estar más cómoda, me relajo y siento que puedo sacar la mejor versión de mí misma y doy el cien por cien, porque veo que la empresa me ofrece algo que para mí es de gran valor: la oportunidad de ser yo misma en el trabajo. Al estar relajada, noto que las ideas y las propuestas de mejora fluyen con mayor facilidad. Como quiero seguir trabajando aquí, quiero que la empresa consiga el éxito y por eso me comprometo y me implico al máximo.

Mi sentimiento ahora mismo es de profundo agradecimiento por la oportunidad que me ha brindado esta empresa con alma, y esto a la vez me reconforta.

Secretaria de dirección

El programa SAT facilitó el poder desnudar mi alma con los compañeros de trabajo, lo que me permitió comprender que las reacciones del otro no tienen que ver conmigo, aprendí a no tomármelas como algo personal, ya que forman parte del carácter del otro, y al comprenderlo puedo estar más en paz. También implicó entrar en un estado de vulnerabilidad y esto me hacía dejar atrás exigencias y miedos. Poder estar más en mi verdad ante los demás con mis imperfecciones, dando espacio a todo, a las sombras y también a las luces.

A través de la PNL se estimuló mi atención en el uso de las palabras y en el efecto que esto tenía en los demás. Empecé a quitar los «PEROS» de mis e-mails profesionales y a cambiarlos por «Y»; potenciando la virtud del otro conseguía mucho más en la relación profesional.

Un factor importante es sentir que mi trabajo tiene sentido, que tiene un efecto trascendental, y eso hace que me sienta feliz y en paz.

Análisis de negocio

La empresa me ha proporcionado herramientas y espacios para desarrollarme como individuo y para crecer.

Iniciativas como las sesiones de yoga, de relajación o de meditación han sido muy valiosas. Pero no solo eso, también ha sido la cultura misma de la compañía la que ha puesto a las personas en primer lugar, y me ha permitido gozar de espacio y tiempo para reflexionar, para madurar mis aprendizajes, para aplicarlos, e incluso para equivocarme; así como para compartirlos, confrontar puntos de vista y aprender de los demás.

Como resultado de todo esto, he descubierto que era capaz de focalizarme mucho mejor en el trabajo; que tenía a la vez una visión más global, de conjunto; que analizaba más rápidamente los problemas y que podía aconsejar a los demás desde un punto de vista y una actitud más calmados.

Mejora continua y procesos Lean

Las actividades que realizo en InfoJobs (yoga, meditación, técnicas de relajación…) me ayudan a conocerme mejor y a lidiar con el estrés, aprendo técnicas que puedo aplicar cada día tanto en casa como en la oficina. Tomar conciencia de mí misma me permite evolucionar tanto en mi ámbito personal como en el profesional. Si no eres consciente de algo es difícil poderlo cambiar. Para mí fue fundamental aprender a parar, a respirar. A través de la meditación vi que podía explorar dentro de mí, a leer las señales que daba mi cuerpo, a entender que la mente no siempre tiene la razón. Supuso un antes y un después porque esa toma de conciencia me permitió romper con algunos estereotipos, me dotó de más autoconfianza y me sentí más libre. Eso me dio más tranquilidad y me ayudó a entender que el mundo sigue girando cada día al margen de nuestros «grandes problemas». Eso, por supuesto, repercutió en mi manera de relacionarme con el mundo y conmigo misma. Relajé mi autoexigencia y gané en espontaneidad y creatividad. Empecé con la meditación hace un par de años y ya no he dejado de practicar, tanto dentro como fuera del trabajo.

Las sesiones de Eneagrama fueron otra toma de conciencia, otra herramienta para darme pistas acerca de quién soy. Me sirvió para darme cuenta de que mi manera «natural» de ver el mundo condicionaba mi vida y mis relaciones con los demás, y eso se aplica tanto para lo personal como para lo profesional. Darse cuenta es lo que lo cambia todo. Conociendo mis fortalezas y mis debilidades puedo decidir qué hacer en cualquier situación: me dejo llevar o estoy atenta y tomo un rumbo diferente al que «mi personalidad natural» elegiría. Conocer mi personalidad también me ha aportado confianza.

Responsable SEO-SEM

El equipo de dirección

Después del director general, el equipo de dirección es el segundo espejo en el que se miran los trabajadores. Cada responsable de área debe dar ejemplo, especialmente a sus mandos directos y al personal que está a su cargo, para poder pedir con fuerza lo que él como directivo les entrega. El camino a recorrer es reconocerse a sí mismos, reducir sus miedos, humanizarse, abrir el corazón y mirar y tratar a los trabajadores como personas ante todo. Los directivos también son personas, y percibo miedo en ellos con todos estos cambios, porque nadie les ha enseñado a liderar organizaciones desde el corazón y eso es un GRAN cambio. Este es su gran reto.

A continuación ofrezco los testimonios de algunos de los directores que me acompañaron en el viaje que transformó InfoJobs.

Una vez empiezas este camino de conciencia, de desarrollo personal, no dejas de querer seguir creciendo. Uno de mis aprendizajes ha sido que cambiando, yo cambia mi entorno.

La empresa se preocupó de que yo y todos los trabajadores fuéramos felices y que pudieran trabajar en aquello que les apasionaba. Esto ha dado como respuesta un compromiso altísimo, acompañado de un sentimiento muy elevado de pertenencia al proyecto y al negocio. Podía contar con toda la ayuda de mis compañeros, equipo y empresa, y de esta forma cualquier obstáculo podía ser superado para lograr el éxito. Se trabaja sintiendo la empresa como si fuera tuya.

Sentir que mi jefe se preocupa por mí como persona, que cree en mí y que trabaja en mi desarrollo y carrera profesional, te da alas para hacer cualquier cosa.

Todo esto hacía que te sintieras totalmente alineado con la empresa, generando un fuerte sentimiento de formar parte de algo muy grande, de trabajar en una empresa que es algo más que ganar dinero.

Director de Recursos Humanos

En las sesiones de Eneagrama descubrí qué pasiones me movían y por qué me había pasado la vida haciendo planes. Lo que no me ayudaba era apegarme a ellos y aprendí a hacer planes con desapego. También descubrí que lo que nos mueve a cada uno es muy diferente. Inicié mi interés por las personas y por aprender a escuchar de verdad. Me atreví a mostrar mis emociones de forma más sincera, y esto ha creado vínculos mucho más fuertes.

Hoy puedo responder sin miedo que soy muy feliz. Y hoy presto mucha más atención a cada instante. Es en estos momentos de atención plena cuando hago los mayores descubrimientos. Te aconsejo que desconectes de los miles de estímulos externos y dediques cada día un momento a prestar atención plena a lo que estés haciendo (andar, estar sentado o lavar los platos). A no anticipar nada, a no esperar nada, a no mirar atrás ni adelante. Solo a vivir el momento.

Quizá lo que más ha contribuido a mi paz interior sean las sesiones de coaching que recibí. Ahí descubrí que no necesitaba que el exterior estuviera tranquilo para poder estarlo yo. Confiar en mí mismo ha sido clave, así como interiorizar aquella mítica frase: «Esto también pasará». Los momentos en los que más en paz he estado, en los que más me he querido y he confiado en mí han sido en los que más cosas he conseguido hacer y en los que he podido generar cambios positivos a mi alrededor.

Ahora ya no quiero trabajar nunca más en una empresa sin alma.

Director de producto

Todo el proceso de aprendizaje que hice en InfoJobs me ayudó a identificar patrones de comportamiento que eran automáticos, a menudo absolutamente inconscientes, y que me llevaban a situaciones que no me hacían feliz. Aprender que tenía un proceso automático de creerme capaz de resolverlo todo fue una revelación. Darme cuenta fue un gran paso, cambiarlo aún fue más difícil, y todavía estoy en ello.

En plena crisis económica, la empresa nos ofreció

muchas herramientas para tener paz interior. Además de las sesiones de descubrimiento personal teníamos cada día oportunidad de recuperarnos en la sala Alegría con la meditación, el yoga o el shiatsu. Eran muy útiles para volver a centrarte. Me sentía mucho más concentrada y creativa si tenía un rato para parar a lo largo del día y volver a coger aire. No cabe duda de que estas herramientas contribuyeron a que pudiera gestionar muchísimos proyectos a la vez y sostuviera la presión que teníamos.

Sentirme tan bien hizo que durante un montón de años siempre hiciera más de lo que se me pedía, y además lo hiciera contenta y motivada. No sentía mi trabajo como una obligación, al contrario. Lo sentía como un regalo. Durante todos mis años en InfoJobs me sentí increíblemente afortunada.

Directora de marketing

«¿Coaching? ¿Para qué? Si yo estoy bien.» Este es el discurso interior que tenía en mi cabeza cuando, dentro de mi plan de desarrollo, la empresa me sugirió hacer coaching. A pesar de mi escepticismo inicial, el coaching me sirvió para conocerme mejor. Me permitió reconocer mis virtudes y mis defectos. Ser, al fin y al cabo, sincera conmigo misma y aceptarme tal como soy.

Este autoconocimiento me ha ayudado tanto a nivel personal como profesional. ¿Qué me llevo en concreto? En mi a veces desmesurada preocupación por ayudar a los demás tiendo a olvidarme de mí, mis necesidades son las últimas de la lista. He aprendido, sin embargo, que es complicado cuidar de los demás si una no se cuida a sí misma. Puede parecer algo muy obvio y sencillo pero para mí ha sido un descubrimiento importante. Intento no olvidarlo y tenerlo muy presente.

Me he llevado este aprendizaje tanto a mi vida personal como a la profesional. Lo he aplicado tanto con mis compañeros de trabajo como con mi familia y mis amigos. Porque, al fin y al cabo, tanto en mi vida laboral como en la personal, mi objetivo es el mismo: ser feliz.

Directora de comunicación

Mandos intermedios (mánager de equipo)

Aquellas personas que ocupan puestos que gestionan personas son una pieza fundamental en las organizaciones, por la influencia que tienen directamente sobre sus propios grupos y porque con su posición se encuentran entre los directivos (la estrategia) y las personas (la táctica). Su labor es dar continuidad al estilo que reciben de sus responsables directos (de ahí la importancia de que estos sean los primeros en realizar los cambios, liderar la transformación y mostrar el camino con el ejemplo), convirtiéndose en correa de transmisión hacia toda la organización. Así, su forma de hacer y actuar determina cómo se sentirán en el trabajo diario las personas de la organización. Pero los mánager o mandos intermedios son ante todo personas. Aquí encontrarás los relatos de personas con cargos en cualquiera de las áreas de la empresa, porque, una vez más, no importa la educación, el cargo o el trabajo que desempeñas. La persona es el centro.

Lo que no imaginé nunca es que mi paso por InfoJobs iba a conllevar, además de muchos aprendizajes profesionales, ese «despertar a la conciencia», al autoconocimiento y a la felicidad.

Aprender de los errores no me resultaba fácil, y menos reconocerlos, verbalizarlos y acabar integrando los aprendizajes que siempre hay detrás de ellos. Abrirme compartiendo con otros mis miedos y dudas me fue facilitando superarlos y poder avanzar, entender que mi imperfección es natural y humana y que no hay que perseguir la perfección porque ni existe ni es sano pensar que pueda una llegar a serlo alguna vez. Con esto, he empezado a respetarme a mí misma, a amarme como soy, y así es mucho más fácil tolerar y respetar a los demás. Me di cuenta de que detrás del dolor, detrás de palabras o frases que hieren, cada experiencia es una oportunidad de crecer, de aprender y de mejorar, y así he ido transitando emociones que no me permitía, que no me reconocía o que asociaba mal a la palabra «debilidad». Hoy exploro y escucho mi cuerpo que me habla siempre y así hasta detecto a qué hacen referencia mis dolencias físicas como, por ejemplo, cuando me duele la espalda y/o la cabeza y puedo ver el «patrón» que me ha llevado a ello. Ahora, con la meditación y la relajación, puedo detectar y calmar e incluso hacer desaparecer el dolor antes de que vaya a más.

Las personas felices hacen empresas felices y más productivas, y el nivel de compromiso es directamente proporcional a dicha felicidad. Se puede hacer, funciona y es real.

Responsable de producto

En el trabajo con el Eneagrama conseguí darme cuenta de que más personas del equipo tenían muchas cosas en común conmigo, y supimos encontrar los mecanismos para que eso no nos afectase negativamente y convertirlo en algo positivo. Y esto lo hicimos como un grupo de amigos o como una familia. Y esta para mí es la grandeza, cuando entro en InfoJobs tengo el sentimiento de que estoy en mi hogar y de estar con mi familia. Esta para mí es la magia.

Ahora que estamos de vuelta de vacaciones, vuelvo a un sitio donde me siento cómodo, donde trabajamos duro pero a la vez con respeto y en un ambiente en el que sabemos que la empresa somos nosotros, y por lo tanto la alineación es perfecta.

La productividad comienza por crear un ambiente de colaboración sana, donde la gente se siente feliz en su puesto de trabajo y, a partir de ahí, crece. Y sí, también se exigen cuentas por un mal rendimiento, pero desde el respeto, enfocándolo a aprender de los errores y acompañando a la gente para mejorar. Esto da una paz brutal a las personas, ya que no hay miedo a cometer un error y a que se te despida.

Asumamos que la empresa somos cada una de las personas que forman parte de ella. Es así como la haremos más humana y estará en nuestras manos que sea un lugar excepcional para desarrollarnos y convertir el ente «empresa» en un líder en el tan competitivo mercado.

Jefe de desarrolladores

Empezaron las sesiones de coaching, y no entendía el propósito de aquello. Durante las primeras sesiones lo único que hacía era repetirme las mismas preguntas, llegando siempre a la misma conclusión: la empresa, aquel compañero, mi ex, un amigo, todos se portaban mal conmigo, todos estaban equivocados, y yo no paraba de lamentarme porque pensaba que esa era la causa que me impedía avanzar en mi vida.

Un día tomé conciencia y me pregunté: «¿Hasta cuándo vas a seguir quejándote? ¡Deja de buscar excusas! Acepta tus debilidades, tus errores, y dedica todo tu esfuerzo a cambiar aquellas cosas de ti que no te gustan». Aprendí a vivir aceptando que hoy me voy a equivocar varias veces, y que lo importante es el aprendizaje, para intentar no cometer los mismos errores mañana. Aceptar a los demás es fundamental para las relaciones personales, y solo cuando te aceptas a ti mismo tal y como eres, estás preparado para aceptar a los demás tal y como son.

InfoJobs me ha dado la oportunidad de crecer como persona y como profesional a lo largo de estos últimos ocho años. Escuchándome, siendo paciente, dándome confianza y cariño, y también exigiéndome, retándome y poniéndome a prueba. Me ha enseñado a saber ver el otro lado de las cosas, a tener una mirada diferente. Una mirada que te lleva a cuestionar todas las cosas, y que te permite ser genuino, creativo e innovador. Es como un «superpoder», que solo se activa si estás preparado, si te sientes en paz con los demás y contigo mismo.

InfoJobs me ha enseñado que una empresa son las personas que trabajan en ella. La ilusión, la pasión y el compromiso de las personas han marcado el carácter de InfoJobs y han sido la clave de nuestro éxito.

Mánager de ventas

Las sesiones del Eneagrama fueron una revolución para mí: consiguió poner delante de mis ojos puntos de mejora personal, de manera que los vi como algo a trabajar y no como una queja de alguien que me veía desde fuera. Me ayudó a entender por qué hago las cosas de una determinada manera y, sobre todo, me ayudó a entender a los demás. Hasta ese momento algunas personas me descolocaban enormemente y de repente entendí de dónde salían y por qué no lo entendía. ¡Y eso ha mejorado nuestra comunicación y el trabajo en equipo!

Aquí he descubierto qué es lo que me gusta hacer, que es distinto de lo que puedo hacer, y eso me ha dado paz. Paz para poder expresar lo que quiero, sin miedo a lo que ocurra, y con la enorme sorpresa de que siempre nos hemos alineado la empresa y yo, para disfrutar cada día con lo que hago. Y desde entonces lo recomiendo a quien anda en busca de un cambio: diferencia lo que sabes hacer de lo que puedes hacer y de lo que quieres hacer, y lucha por lo que te haga feliz.

Responsable de producto

Las sesiones de relajación, yoga, meditación, coaching o Eneagrama me han permitido conocerme mejor. Conocer mis miedos y mis defectos y tomar las riendas de mi vida. Hasta entonces creía que las tenía, ahora soy consciente de que empiezo a tenerlas y lidero mi vida. Esto hace que tome mis propias decisiones, tenga más confianza en mí mismo y esté más realizado y, por tanto, sea más feliz en el trabajo. Desde que me miro a mí mismo, relativizo mucho más las cosas y les doy la importancia que realmente tienen, y eso me permite estar más pausado en momentos de crisis y tranquilizar al resto en momentos de pánico. Estar en paz conmigo mismo impide que me lleve los problemas del trabajo a casa.

Conocerme a mí mismo me ha servido para reafirmarme como persona y no estar tan pendiente de la opinión que tienen los demás sobre mí. Ahora soy consciente de que mis actos o mi persona no van a ser del agrado de todo el mundo. Esto hace que no esté pendiente del «qué dirán» y pueda expresar mi opinión de forma más objetiva, más madura, más sincera, reafirmándome como persona y como profesional.

Una de las cosas que más ha cambiado en mi vida es ver los cambios como una oportunidad y una manera de aprender y crecer. A través del crecimiento personal he entendido que salir de tu zona de confort es mucho más enriquecedor que quedarte en ella. Cambiar es bueno, y resistirse al cambio lo único que hace es crear frustración y tristeza. Este aprendizaje me ha enseñado a desapegarme de las cosas en las que había trabajado durante tiempo y de esta forma evitar el sufrimiento personal.

Otro gran aprendizaje ha sido la forma de gestionar a las personas de los equipos con los que he trabajado. Ser consciente de quién eres te hace más capaz de ver a los otros como son, y así pasar de una gestión basada en el control, en la que quieres saber todo lo que se hace y cómo se hace, a una gestión basada en la confianza, donde todo fluye mucho mejor y las personas crecen profesionalmente de una manera mucho más rápida, lo cual es mucho mejor para todos, incluida la compañía.

Gracias a la filosofía empresarial de InfoJobs he crecido y he podido conocerme mejor a mí mismo, lo cual irremediablemente me ha convertido en mejor profesional, un profesional más comprometido, con mayor ambición y determinación, con menos miedos y seguro de mí mismo.

Entrenador de metodología Agile

Una ruptura sentimental llegó a mi vida y a los pocos meses me detectaron un aneurisma (que puede provocar la muerte súbita por rotura de las arterias). Simplemente dejé de ser yo, no podía concentrarme, no podía hablar con los clientes, realmente no podía trabajar; durante varios meses fui un fantasma de mí mismo. Nunca supe cómo ni por qué, pero empecé a notar la ayuda de la gente que estaba a mi alrededor en la empresa, mis jefes y mis compañeros siempre estuvieron ahí y me dieron lo que más necesitaba: apoyo y tiempo para recuperarme y encontrarme a mí mismo.

En aquella época yo lo único que hacía era quejarme, y recuerdo las palabras de mis jefes: «¿Tú prefieres tener razón o prefieres ser feliz?; «Aquí no estamos solo para trabajar, cuenta con nosotros para lo que necesites». Me buscaron un coach que me apoyara en esos momentos, me ayudaron a bajar el ritmo, me permitieron cometer errores y me ayudaron a corregirlos. En el momento en que te das cuenta de que todos los que están a tu alrededor tratan de ayudarte, las cosas empiezan a mejorar por sí mismas. No cambió nada, mi enfermedad sigue ahí, pero la forma de afrontarla y de incorporarla a mi vida cambió por completo. Gracias a mis compañeros y a mis jefes superé aquella etapa.

Esa Navidad recibí una postal de nuestro director general: «Sé el cambio que quieres ser en el mundo». El caso es que me hizo pensar durante todas las vacaciones. Empecé a pensar en quién soy, qué hago aquí y cómo quiero actuar, y empecé a cambiar. Ahora soy más tranquilo, más reflexivo, y disfruto más de las cosas del día a día. Ahora puedo decir que estoy en un trabajo que me hace feliz todos y cada uno de los días, un trabajo en el que me siento productivo y útil.

Desarrollo de ventas

Otras empresas en el mismo camino: empresas con alma

Este proceso de crear empresas con alma, donde las personas ocupan un lugar privilegiado, donde crecen y se desarrollan humanamente, es un movimiento que incluye todo tipo de empresas, sin quedar vinculado a ningún sector, entorno empresarial o región geográfica. Todas tienen un camino, distinto en implementación pero igual en destino.

Todas las empresas están formadas y lideradas por personas, y la decisión de tener una empresa con alma corresponde en primer grado al director general para facilitar e impulsar la transformación, pero va seguido de todas y cada una de las personas que lo componen, contribuyendo con su conciencia, paz interior, autoconocimiento y liderazgo humano. Estas son algunas empresas con alma y las iniciativas que cada una de ellas ha desarrollado.

Cyberclick

(Alinear los valores fundamentales conduce a un incremento de la felicidad)

En nuestra empresa trabajamos todos los días para asegurarnos de que los valores de la gente están alineados con los de la compañía y viceversa. Tenemos tres valores que sintetizan nuestra manera de ser:

- Admire People. *Humildad y respeto son dos componentes fundamentales para cualquier logro personal y profesional.*
- Always Find a Better Way. *Siempre queremos ir un paso más allá. Tenemos la mentalidad* always testing *y* always learning.
- Customer Experience Freaks. *No nos limitamos a cumplir con la expectativa que tiene el cliente de nosotros, la superamos.*

Una herramienta importante que implementamos en 2013 para asegurar esta alineación continua es la encuesta de la felicidad, que se realiza una vez al día, así como una más amplia a final de cada mes. La encuesta consta de tres preguntas con una sección de comentarios. Las dos primeras tienen las opciones «superverde», «verde», «amarillo» y «rojo»:

- *¿En qué estado de ánimo has llegado hoy?*
- *¿En qué estado de ánimo te vas hoy?*
- *¿Cuánto te gusta lo que has hecho hoy? [del 1 al 4]*

Todos los resultados de las preguntas diarias se guardan, de tal manera que este sistema nos permite comparar los datos actuales con períodos anteriores. El siguiente paso que damos es tener una reunión semanal abierta sobre los resultados recogidos, determinar cuáles han sido las causas de las respuestas negativas y qué soluciones podemos encontrar a partir de una lluvia de ideas grupal.

La encuesta mensual tiene un formato similar, solo que las preguntas desarrollan temas más profundos, tales como la capacidad de expresar opiniones, la relación con los empleados, el equilibrio entre la vida laboral y la personal, las oportunidades de crecimiento profesional, la remuneración o la alineación de la empresa y de los objetivos personales. También nos juntamos una vez al mes en una reunión más larga donde se discuten las oportunidades de crecimiento, las maneras de mejorar los procesos actuales y las estadísticas de la encuesta mensual en comparación con meses anteriores, así como la manera de mejorar los resultados de cara al futuro.

Después de la encuesta y la reunión, viene la adopción de medidas. Cuando surge una respuesta no deseada tomamos acciones medibles para mejorar el resultado y hacemos un seguimiento para garantizar que resolvemos la causa.

En nuestra empresa hemos convertido la felicidad en la métrica más importante y tomamos medidas para mejorar los sentimientos de infelicidad que surgen. Porque buscamos que los valores fundamentales de la empresa y los de los empleados estén alineados.

Además, siempre empezamos nuestras reuniones compartiendo una buena noticia y las finalizamos explicando un ejemplo de los valores de la empresa que hayamos experimentado en nuestra vida cotidiana, entrenándonos a explorar el mundo de forma positiva. Por último, dos veces al año nos vamos todos juntos a un retiro donde nos quedamos un par de noches y usamos este tiempo para hablar sobre nuestras prioridades personales y cómo se pueden alinear estas con las de la empresa.

David Tomás,
CEO y cofundador de Cyberclick Group

Hidro Rubber Ibérica

Cada uno de mis días es diferente en función de las cosas que me van sucediendo a lo largo del mismo. Sin embargo, cada día no puedo ser diferente para las personas que están a mi alrededor y con las que me relaciono, ya que pensarían: «A ver cómo viene hoy…». Por ello, es básico que me conozca a mí mismo, trabajarme para poder adecuarme a las diferentes situaciones que se me van a presentar a lo largo del día y de mi vida, y que estar conmigo no se convierta para los demás en algo «imprevisible». Debemos conocernos a nosotros mismos para, así, desde un escenario estable, conocer a los demás. Para conocerte a ti mismo, primero tienes que analizarte bien.

Para descubrir y conocer al otro hay que «rozar». Mirarse a la cara. Compartir cosas juntos. No es cuestión de segundos ni de minutos, es cuestión de días e incluso de años. De ganar confianza y credibilidad mutua. Es muy fácil, se empieza por una herramienta muy sencilla, «la pregunta». ¿Cómo estás? ¿Qué tal tu familia? ¿Cómo ves la empresa?… Y así hasta el infinito y más allá.

Una de mis principales funciones como director general es la de desarrollar personas. A medida que se desarrollan las personas, estas también desarrollan la empresa en la que trabajan. Logramos dos objetivos, un desarrollo individual y uno colectivo.

Creo que cualquier situación que se dé en la vida cotidiana, al igual que en el trabajo, es una oportunidad para aprender y evolucionar. El problema está en que la mayoría de las personas no tenemos la mente en «modo aprendizaje». La vida nos va dando lecciones constantemente, a veces grandes y a veces pequeñas, que no somos capaces de ver.

En el año 2007, un día normal que bajé a planta, una persona que entonces era jefe de turno me preguntó: «Jon, ¿puedo cambiar de casa?».

Al no entender muy bien la pregunta, le contesté: «Pregúntaselo a tu mujer, no entiendo por qué me lo preguntas a mí».

A lo cual él me respondió: «Jon, yo no sé cómo va la empresa. No sé si dentro de tres meses estaremos aquí, o dentro de cinco años. Tampoco sé si tú cuentas conmigo para el proyecto, ni las ideas que tienes para esta empresa. Sin embargo, tengo que pedir una hipoteca para bastantes años».

Esta conversación fue clave para mí. ¿Cómo pretendemos tener a gente involucrada en la organización si no conoce cómo va el negocio? ¿Cómo una persona va a sumar sus ganas a un proyecto si no sabe si mañana va a estar en él? ¿Cómo va a estar motivado ocho horas al día en su puesto si no conoce la contribución de su trabajo al proyecto global?

A partir de aquí empezamos a gestionar las personas, a comunicar (el proyecto, la estrategia, el resultado económico, la aplicación de las piezas que producimos, los proyectos nuevos…), a juntarnos (de forma individual y grupal), a reconocer, a escuchar…

No obstante, tenemos que ser conscientes de que un cambio cultural necesita tiempo. El resultado es a medio-largo plazo. Tenemos que ser conscientes de que hay que dar para poder recibir en el futuro, e incluso entender que de algunas personas nunca recibiremos nada. Es una apuesta, pero personalmente creo que merece la pena.

JON ANGULO,
General Manager

Numintec

Desde mi propia experiencia, aprendí que el éxito es ir de fracaso en fracaso sin perder el entusiasmo. Aprendí que para conseguir tus objetivos es necesario hacer de tu vida un sueño y de tu sueño una realidad. Aprendí que lo importante en la vida no es lo que tenemos ni lo que representamos, sino lo que Somos.

Yo siempre intento aprender de todas las situaciones que te encuentras en la vida. Creo que es importante ir siempre con la mente abierta, con el vaso vacío y con la humildad suficiente para saber que de todo el mundo puedes aprender. Tenemos que interiorizar que en el camino vamos a encontrarnos muchos obstáculos que debemos superar y saber aprender de nuestros errores y fracasos intentando no perder la pasión por lo que haces.

Mi filosofía empresarial es que las empresas deben existir para dar un servicio a la sociedad y mejorar la calidad de vida de las personas. Que parte de los beneficios que se generen deben volver a la sociedad, apoyando la cultura, que es la esencia de lo que somos, e implicándose en causas sociales. A partir de ahí intentamos que las personas que trabajan con nosotros se sientan cómodas y felices. Con salarios adecuados a sus responsabilidades, horarios flexibles para que puedan compatibilizar su vida profesional y personal, e invirtiendo en su formación.

Inculcamos que todos deben sudar la camiseta, como comúnmente se dice en fútbol, que cada uno hace su función pero todas son importantes, como pasa con los órganos del cuerpo humano. Intentamos que haya un buen ambiente de trabajo en equipo y que todo el mundo participe en las decisiones. Sabemos que los empleados son el bien más preciado de la empresa e intentamos focalizarnos en dar el mejor servicio al cliente. Esto solo es posible con implicación y trabajando con personas que se sientan felices con lo que hacen. Crear este clima de trabajo provoca una mejora muy importante en la productividad y en la atención al cliente.

JOSÉ MARÍA TORRES,
Presidente de Numintec

Voxpopuli
(marketing responsable)

Voxpopuli es una agencia que está jugando con las nuevas reglas de una economía que cambia radicalmente. Sabemos que hay cosas que se han de planificar, medir y controlar. Sabemos que hay técnicas y procesos, objetivos y cuentas de explotación. Pero sabemos que todo esto es un mapa incompleto que no cuenta todo lo que pasa en el territorio. Sabemos que hay cosas que no controlamos y que la mejor manera de ser empresa incluye la idea de fluir, de entregarse, persiguiendo un propósito noble y teniendo fe en el «que pase lo que tenga que pasar»; el mismo camino que recorremos hacia ese propósito es nuestra mayor ganancia.

Hay quien cree que lo importante para el éxito de las empresas son los productos y servicios que estas ofrecen. Yo creo que la clave está en las personas, individualmente y como grupo. Hay una dimensión individual (cada empleado, con su propio mundo) y una dimensión grupal de la empresa.

En Voxpopuli ponemos mucha atención en hacer que el grupo de personas sea lo suficientemente heterogéneo como para expresar una diversidad de talentos complementarios, y al mismo tiempo homogéneo en términos de valores compartidos y visiones del mundo compatibles. Me guío por unos principios muy simples: el primero es que así como una empresa tiene que crear felicidad para sus clientes, debe generarla también para sus empleados. Por lo menos tiene que crear condiciones laborales que fomenten la posibilidad de que los empleados sean felices. Yo me conformo con que por la mañana mis colaboradores se sienten motivados a empezar un nuevo día de trabajo, sabiendo que servirá a los demás y sintiendo que podrán expresar sus talentos. Este es el segundo principio que he adoptado: la gente quiere hacer bien algo que tenga un sentido.

Es muy alentador ver como las dinámicas entre compañeros refuerzan constantemente la preservación de un clima propicio para la expresión del talento, la toma de riesgos calculados y la ayuda recíproca, a la hora de mejorar y llevar a la excelencia las ideas que aporta cada individuo en la agencia.

El papel del líder en un grupo así es doble. Por un lado intento ofrecer inspiración a mis compañeros. Les doy la confianza de que permanecer fieles a la idea que compartimos nos llevará a hacer bien las cosas, a tener éxito y a ser más felices. Por otro lado, mantengo mi atención en detectar y corregir los desvíos de nuestro rumbo. Una empresa es un organismo vivo que opera en un ecosistema en constante evolución. Por eso, la adaptación al mercado es esencial a su camino. Pero es preciso que dicha adaptación no sea a expensas de los principios y valores de la empresa. Si se perfila ese riesgo, como en el caso de la captación de clientes que estén fuera de nuestro sistema de valores, mi papel es el de actuar con firmeza y sobre todo de comunicarme con mis compañeros para que se reafirmen en sus valores y en los valores de nuestra organización.

Hace pocos días, un cliente me dijo que una de las razones fundamentales por la que su empresa escoge nuestra colaboración es porque es muy evidente que somos un grupo compacto de personas que reman en la misma dirección y esto se resuelve en la mayor calidad de nuestros servicios.

Mirándolo bien, es un sistema que se retroalimenta. Una visión clara y unos valores compartidos alimentan el bienestar de los empleados, generando mayor valor para nuestros clientes y éxito para nuestra agencia.

GIUSEPPE CAVALLO,
fundador de Voxpopuli

Strategics360

En mi trabajo diario, como CEO de la empresa Strategics360 y también como director y presentador del programa de radio Club 21. El club de las mentes inquietas *(en RNE-Ràdio 4), la dimensión profesional y la humana van a la par, son realmente indisociables. Cuando lideras una organización desde valores como la ética, la empatía, la reciprocidad, la creatividad y la felicidad tomas en cada momento decisiones de manera muy consciente.*

Es evidente que si haces todo lo posible para que cada «momento profesional» también sea un «momento humano», los conflictos, los malentendidos, la violencia (material y simbólica) y el dolor emocional, todo ello, va a tender a ocupar un espacio residual y cada vez más anecdótico en la empresa. Pero para poder alcanzar esta dinámica organizacional se hace del todo imprescindible aplicar a nuestras acciones y decisiones, de manera constante, lo que algunos expertos han convenido en llamar una «vigilancia metodológica», es decir, una atención plena en todo aquello que decimos, hacemos o representamos. Y en este sentido es el nuevo líder el que encarna los valores del Nuevo

Paradigma, se configura y aparece como un ser hipersensible y muy sensitivo, un ciudadano honesto que confía en la humanidad y en todos y cada uno de sus miembros. Porque está claro que las nuevas empresas de este siglo XXI *cada día van a entender, de una manera más radical y comprometida, que no existe ningún éxito empresarial si no va de la mano de un éxito individual y espiritual de cada componente del equipo. Porque de nada nos sirve ya acumular año tras año altos índices de PIB, si cada ejercicio anual decrece de manera alarmante el FIB (Felicidad Interior Bruta).*

Es evidente que vivimos en una sociedad que tan solo valora aquello que sabe medir, busquemos entonces indicadores y métricas que nos permitan medir y calcular cómo evolucionamos en relación a ítems tan fundamentales como la ética, la empatía, la reciprocidad, la creatividad y la felicidad.

Estoy plenamente convencido de que, si cada año incrementamos estos nuevos porcentajes, nuestras empresas, nuestra economía y toda la sociedad, en su conjunto, van a verse directamente beneficiadas, y seguro que viviremos en un mundo mucho más apasionante y lleno de sentido para todos.

DAVID ESCAMILLA,
CEO

Frit Ravich

(Tratan a los demás como les gusta que les traten a ellos)

En 2013 los resultados de la compañía eran excelentes y no había dejado de crecer a razón de dos dígitos por año durante los últimos diez años. En plena crisis, la propiedad había hecho una inversión valiente construyendo un nuevo centro logístico automatizado, se implantaba un nuevo modelo de gestión comercial y sobre todo se estaba configurando un nuevo comité directivo (un 55 % de mujeres y un 45 % de hombres).

El conjunto directivo (de momento no lo llamaré «equipo») estaba formado por miembros muy consolidados en la empresa, con sangre Frit en las venas y un conocimiento abrumador del negocio, junto con directivos de reciente incorporación en áreas que se deseaban y alguna promoción interna de absoluto estreno en la función ejecutiva. La suma de los ejecutivos mejor preparados, técnicamente más capaces, operativamente más efectivos y estratégicamente más audaces no hace de ellos un equipo de éxito que consiga que la empresa pueda avanzar y que las personas puedan crecer. Había que convertir un conjunto directivo en un equipo directivo.

El primer paso estaba claro: conocernos en profundidad para conectar como equipo. Y para eso recurrimos al primer factor de la Inteligencia Emocional: la conciencia de uno mismo. Goleman la definía como «la capacidad de reconocer y entender en uno mismo las propias fortalezas, debilidades, estados de ánimo, emociones e impulsos, así como el efecto que estos tienen sobre los demás y sobre el trabajo».

Buscamos un método que uniera las teorías de la personalidad más reputadas en psicología, con un formato y un lenguaje no académico, adaptado al mundo empresarial, y que consiguiera explicar de forma sencilla —que no simple— esto tan complejo que son las relaciones humanas.

Y así fue como el mundo en Frit Ravich empezó a verse en colores. Integramos un método que a través de un rápido test psicotécnico traduce los principales tipos psicológicos en cuatro colores. Cada persona tiene una combinación única de colores que configura su estilo de comportamiento e indica sus preferencias de relación, comunicación y comportamiento. Hay tantos perfiles de colores como personas en la tierra. Los colores que representan los cuatro estilos de personalidad se organizan en función de tres pares de preferencias:

- *Introversión/Extraversión: cómo nos relacionamos con el entorno y reaccionamos a experiencias interiores y exteriores (actitud).*
- *Pensamiento/Sentimiento: cómo tomamos decisiones (con la cabeza o con el corazón).*

- *Sensitivo/Intuitivo: cómo adquirimos y procesamos la información (centrándonos en la realidad o en la imaginación).*

Así cada miembro del ejecutivo descubrió de «qué color» era y le permitió tener un mejor conocimiento de sí mismo según los parámetros anteriores.

El segundo paso suponía un ejercicio de confianza y transparencia entre los miembros de un conjunto que empezaban a ser equipo. Se trataba de compartir abierta y libremente el resultado de los psicotécnicos con todos los miembros del ejecutivo. Este ejercicio permitió reconocer las distintas pautas de comportamiento de cada miembro del grupo tras entender cómo aplicar el conocimiento de los colores para adaptarnos y conectar con los demás.

En Frit Ravich decimos: «Tratan a los demás como les gusta que les traten a ellos». El test nos dio también la oportunidad de descubrir los colores en nuestros interlocutores a través de su lenguaje verbal y no verbal y así tomar conciencia de qué hacer para mejorar nuestro nivel de comunicación y cooperación. Debíamos aprender a adaptarnos a cada persona y situación a partir de su estilo de personalidad, es decir, de su color.

Desarrollar la habilidad de reconocer los colores en los demás es como tener una «chuleta» sobre cómo comunicarte y relacionarte con el prójimo solo con saber identificar su color:

- *Tengo una reunión con un azul: prepararé bien los detalles de la reunión.*

- *Tengo un proyecto con un verde: le pediré opinión y no le presionaré para responder rápido.*
- *Tengo un conflicto con un rojo: no me dejaré llevar por los sentimientos.*

De hecho es un lenguaje que se ha introducido en Frit Ravich de forma natural en las conversaciones y en las relaciones, ya sea para dar forma a estados de ánimo («no me digas nada que hoy estoy rojo») o para identificar un perfil en los procesos de selección («búscame a alguien que tenga mucho amarillo»).

Compartir los perfiles nos permitió romper prejuicios entre compañeros, comprender la realidad subyacente de una actitud o reelaborar un comentario que hasta ahora era leído en clave de «cómo lo expreso yo» en vez de «cómo lo recibirá el otro». Esto repercute positivamente en la calidad y cercanía de las relaciones, ayuda a la maduración del grupo y crea una visión compartida de las fortalezas y debilidades del equipo (ya lo he bautizado como «equipo»).

Maria Saló,
directora de Recursos Humanos de Frit Ravich

Tarannà,
Viajes con sentido

La empresa es una entidad viva, con espíritu, con corazón. Si el corazón está movido por la pasión positiva de avanzar, si es integradora y consciente del mundo, si reconoce sus debilidades sin esconderlas, aprendiendo a verlas, a entenderlas y a mejorarlas, en el camino, el avance está asegurado.

Creo que todos tenemos la conciencia en nuestro interior, y es la vida y el universo el que hace que la desarrollemos. Parto de la base de que todos somos UNO, por lo que esta variedad de personas del mundo son expresiones que dependen tan solo de dónde nos han puesto en el mapa cuando nacemos.

La conciencia empresarial de los directivos o propietarios es vital en una empresa. Puede haber direcciones rígidas con pautas muy marcadas y conciencia muy dirigida a la producción económica, esto hace trabajadores autómatas, que acatan normas y quehaceres, sin poner conciencia ni pasión. Se evalúa la producción, y si no se llega, la persona, el trabajador, se siente frustrado y gris. Cuando la dirección tiene conciencia, es inclusiva y flexible, escucha y deja al equipo hacer desde el corazón, decidir y gestionar el error. Cuando se trabaja pudiendo decidir por uno mismo y desde el corazón, el trabajo se impregna de humanidad y se enriquece.

Gestionar el estrés, la incomodidad en el puesto de trabajo del equipo con algún tema, el bloqueo de comunicación, el equilibrio de las funciones, etc., forma parte del día a día de la casa. Nos interesan las personas, nos preocupamos por ellas, e intentamos flexibilizar al máximo el sistema para adecuarnos a los momentos de cada uno de nosotros. Aunque parezca imposible, se logra.

Añadimos formación a nuestro equipo, no solo de lo que compete a su propia función profesional, sino que lo extendemos al autoconocimiento e incluso hemos hecho talleres de respiración consciente. Incorporamos en la empresa planes de conciliación familiar, flexibilizamos horarios, damos acceso directo a la dirección de la empresa con despachos con puertas abiertas de par en par, etc. Hemos desarrollado una herramienta de comunicación interna que ofrece la oportunidad de hablar con nombre y apellido o bien de manera anónima si se quiere aportar algo al equipo, o incluso criticar algo de la empresa.

Las empresas están formadas por personas. La persona que está feliz en su trabajo lo expande, lo exterioriza a través de una sonrisa, buena atención, buena predisposición, ganas de hacer, ganar de compartir y avanzar, por lo tanto repercute directamente en la productividad de la empresa.

Al final, todo lo que ofreces no es más que una proyección tuya, y la empresa es tu fiel reflejo. Vencer el miedo, desenredar conflictos y sanarlos, estar atentos a las personas, interactuar y tener una comunicación sana o estar siempre abierto a lo nuevo es vital en la empresa de hoy en día y del futuro. Ya no funciona la rigidez, no crea personas sanas y esto se proyecta, los clientes lo notan y se irán a empresas que les hagan sentirse bien. El consumidor está cambiando y buscará empresas así.

FELISA PALACIO,
directora de Recursos Humanos y RSC

Fluidra

Cuando me descubrí a mí mismo, cambió mi nivel de ruido interno, bajó de manera espectacular, permitiéndome mejorar mi concentración en lo que hacía y en los demás. Porque pude acceder a un set de herramientas como la respiración, la meditación, la visualización y la atención sin tensión, que me permiten permanecer con un nivel de ruido interno bajo y con un mayor nivel de conciencia.

Mi nivel de conciencia sobre cómo me afectaban las cosas y por qué me afectaban, aumentó. Es importante ser consciente de que todos vemos la realidad a través de nuestros filtros y que esto precisamente hace que la percepción de la realidad sea tan diferente, y muchas veces esto genera conflictos o malas interpretaciones. Me ha ayudado a entender mejor a los demás y a poder influir desde la empatía y la comprensión. Una situación muy típica cotidiana sería una reunión con mis altos directivos y un tema que se encalla. Tomar conciencia de lo que realmente está pasando, más allá de las palabras que se dicen; entender con empatía la motivación (positiva) que hay detrás y que nos ha llevado a la discusión, y compartir esta visión con todos.

¿Qué hago para humanizar la gestión en la empresa? Tratar a todos y cada uno como lo que somos, personas. Con humildad para respetar profundamente al otro. Intentar convencerlo y llevarlo a cambiar su mirada, no imponer una decisión. Reír juntos, el humor es muy importante y ayuda mucho a distender y a acercarnos. Ser el ejemplo vivido es muy importante (las palabras y los PowerPoint lo son mucho menos…). Cuando conseguimos que las personas se impliquen no solo con la mente sino que abran también el corazón, el resultado suele ser muy bueno, una sensación de que todo encaja y todo tiene sentido. Esto, a su vez, lleva a una motivación que tiene efectos muy positivos en todo el equipo, en la calidad de las relaciones humanas, y al final en el negocio.

ELIO PLANES,
consejero delegado

Habitissimo

Tengo la gran suerte de trabajar en un lugar en el que somos Personas, en el que se apuesta por el cuidado del equipo, por potenciarlo y por disfrutar en el trabajo. Definir la cultura corporativa es fundamental, estás construyendo las cadenas de ADN de tu empresa. Teniendo clara esta cultura corporativa, todas las decisiones que se tomen en adelante deben ser acordes a ella. Hay que definir bien los valores que nos caracterizan y velar por que estén presentes en cada proceso, desde la selección a la formación o la innovación. Todos y cada uno de los miembros del equipo estamos comprometidos con estos valores, y la empresa, a su vez, está comprometida con todos y cada uno de los miembros de su equipo.

Así como les pedimos que todas las acciones que lleven a cabo estén ligadas a nuestros valores, por nuestra parte intentamos aprovechar las oportunidades que tenemos para demostrar que son importantes y que queremos ser parte de estos momentos. Algunos de los ejemplos son la celebración de cumpleaños y aniversarios de contrato, las fiestas y los encuentros fuera del horario de oficina, las reuniones de seguimiento y feedback mensuales, las encuestas de evaluación organizacional (clima, cultura y liderazgo) y las reuniones trimestrales con todo el equipo para compartir información de todos los equipos y resultados, y conocer los nuevos retos. Otra pieza fundamental son los planes de carrera y de formación y especialización profesional, pues invertir en nuestros trabajadores es sin duda uno de los puntos clave para nuestro desarrollo.

Nuestro principal objetivo es que nuestros trabajadores sean felices. Los trabajadores felices están más satisfechos con su vida y más comprometidos con la organización para la que trabajan, y se preocupan mucho más por los éxitos de esta. Estos trabajadores tienen un 180 % más de energía, están un 50 % más motivados, tienen un nivel de autoestima un 40 % superior y alcanzan sus metas en un 30 % más. Las organizaciones con trabajadores felices tienen un 18 % más de productividad, un 37 % menos de absentismo y entre un 25 y un 50 % menos de rotación.

Además, queremos que exista una buena red de apoyo entre los trabajadores, que de verdad vivamos y trabajemos como un verdadero equipo. Por ello llevamos a cabo todas las actividades que podemos en grupo, de forma multidisciplinar, y favoreciendo el contacto entre las personas. Esto no solo favorece los niveles de felicidad individual, sino que incrementa los niveles grupales y fomenta la cohesión entre los equipos, es decir, los niveles de confianza entre los trabajadores.

LIDIA NICOLAU,
Chief Happiness Officer

Conclusiones

El mundo del futuro

1. **El mundo se acelera y todo está cambiando cada vez más deprisa.** El futuro es vivir el cambio y vivir en el cambio permanente. El crecimiento exponencial de las capacidades tecnológicas hace que los cambios se produzcan de forma cada vez más rápida, el sistema se acelera, y se acelera, y…

2. **Los cambios generacionales cada vez son más cortos y con una visión más humanista de la vida.** Como un contrapoder frente a la tecnología, las nuevas generaciones se aproximan a la vida con mayor humanidad y sentido de la responsabilidad individual y colectiva, acuñando y alimentando términos como «bien común» y «economía colaborativa»… Una nueva forma de vivir.

3. **Cuatro generaciones trabajando juntas: el futuro requiere nuevas estructuras organizativas, nuevos líderes y nuevos estilos de liderazgo.** Cuatro experiencias vitales han dado lugar a generaciones con valores y creencias distintas. ¿Cuánto tardaremos en tener una

quinta generación? Muchos de los conceptos establecidos se cuestionan en la próxima generación, y para contenerlos a todos se requieren nuevas formas, nuevas fórmulas y buscar aquello que une a todos: el deseo de ser felices. Esa es la llave que nos une y nos dirige.

4. **El proceso de cambio generacional será rápido por los huecos que deja la salida de la generación más numerosa.** Una evidencia más sobre la velocidad a la que nos toca vivir, que nos alimenta la flexibilidad y adaptación para sobrevivir, que despierta la humanidad dormida que todos llevamos dentro para crear un mundo mejor.

5. **Internet nos une a todos bajo la misma red, todos estamos conectados, todos somos uno.** Siento que emulamos la verdad de la que venimos para mirar con otros ojos la desgracia de los demás, y despertar la conciencia de que yo, tú, nosotros, todos, podemos cambiar nuestra realidad por el bien común.

6. **Las distancias del mundo se reducen con internet, el mundo digital no tiene fronteras.** Hoy competimos con alguien de otro continente, con otra cultura y otras necesidades, alguien que en muchos casos vive una realidad de vida completamente distinta a la nuestra, y tan solo equilibrando la sociedad encontraremos nuestra paz.

7. **El conocimiento es necesario e imprescindible para un puesto de trabajo pero los criterios de contrata-**

ción pasan a ser factores humanos. Cuando todos somos cada vez más iguales por los conocimientos que tenemos y las capacidades que desarrollamos en las escuelas, el propio sistema nos está llevando hacia la verdad; el ser humano es lo más valioso que tenemos, cuidémoslo y desarrollémoslo.

8. **Las redes sociales están creando un mundo transparente en el que se ven las incoherencias de personas y empresas.** La verdad será cada vez más el único camino a seguir, y en esa verdad está encontrarse a uno mismo para ser nuestra auténtica esencia como ser humano o como organización.

9. **La tecnología, la robotización y el IoT acelerarán la rotura del equilibrio, cambiarán nuestras vidas, la sociedad, las empresas y los puestos de trabajo.** La tecnología se extiende cada vez más a todos los ámbitos de la sociedad, evolucionando de forma exponencial en sus capacidades. Con la tecnología de hoy escribiremos el futuro a veinte años, lo que hace imposible imaginar la evolución exponencial que nos tocará vivir.

10. **La combinación de las siete fuerzas nos empuja a un cambio, y este cambio exige madurez, autoliderazgo, conciencia individual, grupal y social; todos somos uno.** Como una tormenta perfecta, las siete fuerzas se retroalimentan entre sí para garantizar el cambio que necesita esta humanidad o sumirnos a todos en un caos que nos obligue a despertar.

11. **Las empresas esperan líderes humanistas y personas conscientes que sepan liderar sus vidas.** Solo desde la humanidad, la conciencia, la humildad y el AMOR, los nuevos líderes llevarán al éxito a las empresas, que se enfrentarán a retos tecnológicos, humanos y de negocio totalmente nuevos.

12. **El liderazgo humano empieza por uno mismo.** Todo empieza en uno mismo, y desde ahí se extiende a nuestro alrededor y más allá. El cambio de paradigma nace en las personas, ellas tendrán que trabajar en sí mismas para despertar a la conciencia y ser el cambio que quieren ver en el mundo.

13. **Es necesario crear empresas donde las personas sean el centro, y donde soñar, crecer y ser felices.** La felicidad de las personas es un activo que enriquece a todos, a las personas y sus familias, a los equipos en los que se manifiesta, a la empresa a la que estos entregan su tiempo y su talento, y a los accionistas. ¿A qué estamos esperando para crear empresas felices?

14. **No es una época de cambios, es un cambio de época.** Al igual que el fuego transformó la evolución humana y determinó quiénes morían o evolucionaban, nada será igual dentro de veinte años. Hoy es el momento para empezar a prepararse para la nueva era: ¿la de las máquinas o la del ser humano? Esto depende de tu elección.

Las claves para vivir bien en el mundo del futuro

1. **Conócete a ti mismo, acéptate, y podrás ser transparente con el mundo, sin miedo.** Aceptarme es reconocer mis luces y mis sombras, y ya nada puede dañarme porque soy todo eso sin vergüenza ni temor, y desde ahí puedo crecer y ser todo eso y mucho más.

2. **En el proceso de conocerte aprenderás a ver a los demás, los comprenderás, y la compasión inundará tu corazón.** Cuando me veo y me acepto, una paz inmensa me inunda, y las gafas de ver a los demás son nítidas porque ya no busco culpables en ellos.

3. **Nada es permanente. Acéptalo y vivirás mejor.** Cada día muere para que nazca la noche, y cada noche muere para que nazca el día, recordándonos permanentemente que todo cambia, que todo acaba. Lo importante es haberlo vivido.

4. **El amor es la energía más poderosa del universo, úsala constantemente para hacer magia.** Cuando

recibo un beso o un abrazo entregado, me siento reconocido, querido, feliz, mi alma se expande con el regalo y hasta la vida parece más brillante. Ese estado se convierte en acciones hacia los demás. Esa magia individual funciona en todos los entornos, incluso en el trabajo.

5. **Despierta la conciencia para poder ver y sentir toda la profundidad de tu vida mientras se mueve a la velocidad de un cohete.** ¿Cuántas cosas nos perdemos por no ser más conscientes? Todos los días están llenos de regalos que pasan desapercibidos por nuestra dispersión. Céntrate despertando tu conciencia y verás lo rico que eres.

6. **Cultiva la paz interior, te permitirá estar sereno en el centro del huracán.** Cuando la tranquilidad viene de dentro, nada del exterior puede alterarla, y dejamos de depender de las circunstancias. Inamovible como una montaña, uno se siente conectado con la VIDA y el UNIVERSO en mayúsculas, y todo cobra su sentido.

7. **Dar primero de corazón, sin esperar nada, para recibir después del Universo.** Cuando uno entrega sin esperar, se percibe porque no hay demanda alguna, es una entrega pura.

8. **De dentro afuera: para poder dar, primero has de tenerlo en tu bolsillo.** Todo aquello que no tengas tú para ti mismo, no podrá ser dado, puesto que nunca se tuvo.

9. **Comparte valores y alinea tus ilusiones con la empresa en la que trabajes.** Cuando te alineas con la empresa en la que trabajas, empiezas a estar en casa, todo fluye de otro modo, y dejas de morir cada día un poco al ir a trabajar.

10. **Actuando «como si» todo fuese un juego, la vida te regala los resultados.** Sé como los niños, que se imaginan luchando con una espada contra dragones cuando solo tienen un palo y un montón de cojines. Al hacerlo cultivan en su interior la valentía para enfrentarse a todo, entrenan sus músculos para la acción, y cuando llega el momento, son capaces de hacerlo, porque lo han practicado mucho.

11. **Cuando te conoces, te liberas de los automatismos que siempre te llevan al mismo lugar.** Desde el autoconocimiento podrás elegir en todo momento, y desde la elección llegarás a resultados distintos, y esto hará que descubras el mundo con nuevas perspectivas que te permitirán elegir de nuevo en el futuro.

12. **Cada uno tiene que encontrar su camino para conocerse, ser consciente y hallar la paz interior.** Cada persona es única e irrepetible, y por tanto hay tantos caminos como personas. No quieras copiar a otros, solo tú sabrás reconocer cuál es tu caminar, tu forma, tu estilo y tu velocidad. Todos son buenos, pero hay uno especial para ti.

Anexo

Empresas con ALMA

Hoy en día es difícil saber cuáles son las empresas que están ya en el camino que he descrito en este libro, las que consideran que las personas son lo más importante y les ayudan activamente en su desarrollo y en su felicidad, con líderes sensibles que actúan de corazón y despliegan un liderazgo humano y consciente, en definitiva, las empresas que tienen ALMA.

Algunas las puedes identificar a través de los testimonios que he presentado, cada una se halla recorriendo su propio camino, en su momento de maduración, pero todas están caminando a su manera hacia el mismo destino: ser una empresa con ALMA.

En las dos webs que hay a continuación podrás encontrar algunas de estas empresas; no todas las que están pueden considerarse dentro de esa categoría, pero la probabilidad de encontrar empresas con ALMA es elevada:

<http://www.masfamilia.org/empresa?listid=29>
<http://www.greatplacetowork.es/>

A lo largo de 2016 verá la luz en España una iniciativa que pretende crear espacios donde las empresas y las personas que están en este camino de corazón puedan reunirse, intercambiar experiencias, aprender conjuntamente y poner ante la sociedad aquellas empresas y personas que son o están en el proceso de ser o de crear empresas con ALMA.

<http://www.capitalismoconsciente.es>

Un modelo que funciona en Estados Unidos desde hace ya algunos años:

<http://www.consciouscapitalism.org/>

Otra de ellas, que opera desde finales del 2015 es:

<http://circulodenegocioseticos.com/>

Puedes encontrar también redes sociales que existen por y para despertar y crecer como seres humanos:

<http://www.sostenibleycreativa.org/>
<https://zenksclub.com/>

Finalmente, no quiero terminar este anexo sin ofrecerte una lista de empresas que están en ese camino:

- Actelion
- Alqvimia
- Appszoom
- Biozco
- Bodas.net
- Can Duran
- Casa Ametller
- Chiesi
- Desarrollo Estratégico
- Doctoralia
- Ellas Deciden
- Factor Energía
- Fincas Amat
- Fundación Cares
- Fundación Juan XXIII
- Global Energy Development
- Helmut Roegele
- Hipertin
- Hospital Sant Joan de Déu
- Humanas
- Ibercondor
- InboundCycle
- Industrial Bolsera
- King
- La Granja Escola
- La Fageda
- Laboratorios Quinton
- Mars
- Mobba
- Mobivery
- Nortempo
- Oleum Flumen
- Seely Arco
- Social Point
- Softonic
- Sonrisas de Bombay
- Street-Heroes of India
- TMC
- Vegetalia
- Veritas
- Vortex

Estas son las empresas que yo he llegado a conocer, pero sin duda hay muchas más que aun no he descubierto.

Agradecimientos

Mi jefe me ha ofrecido hoy un nuevo reto en mi vida profesional: liderar en España el equipo de Organización y Desarrollo de Personas de Schibsted Spain. En los últimos dos años he trabajado en la fusión de InfoJobs con el grupo Anuntis para la creación de Schibsted Spain, integrando todas las áreas de la compañía salvo las partes específicas y únicas del negocio del empleo y el área de producto. El reto es extender mi cultura humanista, basada en valores y cercana a las personas, a los setecientos empleados de la corporación en España formada por las marcas InfoJobs, Fotocasa, vibbo, coches.net y milanuncios. Estoy contento e ILUSIONADO por el reto; es el momento de demostrar que se puede llevar a organizaciones matriciales un liderazgo con corazón y tener éxito.

Ahora, escribir este libro no solo es una forma de compartir mi visión y experiencia con los demás; es el fin de una etapa para afrontar retos de mayor envergadura pero que siguen el mismo camino, el del corazón.

He llegado hasta aquí gracias a muchas personas que han contribuido a convertirme en lo que soy: una persona sensible. La verdad es que tendría que agradecer a todos quienes han dejado una huella en mi vida, pues sin ellos yo no tendría esta forma. Quiero dar las GRACIAS a Marisol, por darme un hijo que me ayudó a ser consciente y crecer; GRACIAS a mi hijo Pol, por elegirme como padre; GRACIAS a mi tía y a mi abuela Remei, que me enseñaron el amor incondicional; GRACIAS a mis padres, Jaume Gurt y Pilar Davi, que forjaron mi carácter; GRACIAS a mi abuelo Jaume, que me enseñó a no rendirme, y a mi abuelo Quico, que me dio paz; GRACIAS a mis hermanos Alba, Mònica, Marc y Carlota, por estar siempre presentes; GRACIAS a Fuensanta, por devolverme la ilusión; y a sus niños Sergi y Paula, por permitirme vivir su crecimiento.

Muchos son los pasos dados, muchas las vivencias compartidas, muchas las personas que han hecho posible la experiencia. Quiero dar las GRACIAS a todos quienes han estado en InfoJobs; ellos me siguieron o me retaron abiertamente para que el proyecto tomase vida y se desarrollase. Sin ellos no hubiera sido posible. GRACIAS a Diana Expósito, Eva Costero, Justo Juez, Laura Lara, Montserrat Gil, Óscar Valverde, Neus Margalló, Encarna Castón, Sergi Velasco, Florence Baize, Julia Lozano, Anna Roca, Valérie Coulton, Herènia Casas, Lorena Boero, Gloria Buceta, Marc Pou, Ana Martínez, Esteban Grau, June Pomposo, Eliézer Rodríguez, Juan Vaquero, Juanjo García, Lidia Laserna, Yolanda Valiño, Paula Santolaria, Cristina Landaluce, Esther Arboix, Caroline Ragot, Francesc Llauradó, Alba Ortiz, María Dolores Vinagre, Xavier Venteo, Marta Gil, David Monreal, Dani Grau, Víctor Macia, Xavi Sánchez, África Ayaso, Silvia Barranco, Toni Navarro, Abel Alfonseca, Merche Sanjuán, Óscar Valencia, Anna Roca, Ángeles Otero… No están todos los que son, pero todas y cada una de las 260 personas contribuyeron a hacerlo posible. GRACIAS, GRACIAS, muchas GRACIAS a tod@s. GRACIAS por las dificultades que pusisteis, nos hicieron fuertes;

GRACIAS por todos los apoyos que recibí, me dieron alas.

GRACIAS a todas las dificultades y retos que han aparecido en mi camino, ellos me ayudaron a crecer y a superarme, ellos me hicieron más fuerte y más brillante.

GRACIAS a todos los maestros que han abonado mi vida; GRACIAS, H. H. Dalái Lama; GRACIAS, Claudio Naranjo; GRACIAS, Techu Arranz y Gustavo Bertolotto; GRACIAS, Mónica Esgueva; GRACIAS a todos los maestros ascendidos que me han cuidado y guiado en la oscuridad. GRACIAS a todo aquel que dejó una semilla que germinó y floreció.

GRACIAS a mi jefe Sverre Much por entregarme la confianza y darme la libertad y el apoyo para llevarlo a cabo. GRACIAS a Juan Antonio Esteban por acompañarme en mi etapa de director comercial en InfoJobs y por abrir mis ojos para poder aplicar a la dirección general de la compañía. GRACIAS a Joaquim Ferrer por proponerme entrar a trabajar en InfoJobs en el año 2002.

GRACIAS al equipo de dirección que abrazó el cambio y lo impulsó a toda la empresa; GRACIAS a Anna Quintero, Antonio Gómez, Javier Llorden, Juan Pau Fisas, Marc Montardit, Manuel Salvador, Javier Llorden, Gabri Prat. Tardamos un año, pero con su apoyo fue posible llevarlo a todos los rincones. Habéis sido el equipo más unido que jamás he visto, y esa unión nos daba la fuerza para conquistarlo todo.

Al equipo de comunicación por su paciencia, su entusiasmo y su apoyo. GRACIAS por difundir nuestro mensaje a personas y empresas. GRACIAS a Marcela González, Anna Alsina, Erasmo, Nilton Navarro, Remedios García.

GRACIAS a todos los que habéis contribuido con vuestro testimonio; las palabras de vuestras vivencias están escritas con amor. GRACIAS por compartirlo conmigo, GRACIAS por poner vuestro granito de arena en este libro, GRACIAS por vuestro apoyo y compromiso. GRACIAS a Maria Saló, Lidia Nicolau, Alexandra Haglund, Giuseppe Cavallo, David Escamilla, Elio Planes, David Tomás, Jon Angulo, Felisa Palacio, José Mª Torres, Javier Rodríguez Zapatero, Antolín Romero, Elena Gómez del Pozuelo.

GRACIAS a todos los colaboradores de la Fundación Claudio Naranjo con los que he trabajado en los últimos seis años. Su paciencia, metodología, amor y sabiduría me han ayudado a conocerme y a reencontrarme.

GRACIAS a Blanca García y Albert Talarn por darnos la mano en esta ruta, por facilitarnos el crecimiento en la organización a través de vuestra esencia, de vuestros talleres y del humor. GRACIAS por toda la magia que desplegáis en vuestros *outdoors*; todos los que han participado en ellos os llevan en el corazón.

GRACIAS a Laia Sternfeld y Mónica Esgueva; ambas habéis llenado mi vida de magia, vuestra huella es imborrable. GRACIAS por vuestros regalos así como por vuestra aportación a crear la magia en InfoJobs.

GRACIAS a Carlos Martínez, Martina Ros y a la editorial Penguin Random House por hacer posible este libro.

Siento que todo lo que cuento es parte de muchos y no me pertenece, así que todo el dinero que se recoja va destinado a proyectos sociales en Nepal; por un lado, a la casa de niñ@s Sangha Children's Home y, por otro, al proyecto de reconstrucción del pueblo de Mankha.

GRACIAS, querido lector, por elegir este libro y contribuir a un mundo más equilibrado.

Bibliografía y vídeos

Economía colaborativa:

<https://www.youtube.com/watch?v=PPdvLTe0wjA>

Las nuevas generaciones:

<https://www.youtube.com/watch?v=ZfV9sHVMNxU>
<http://eduskopia.com/jovenes-emprendedores-las-nuevas-generaciones-que-lideraran-el-cambio/>

Nuevo paradigma laboral y liderazgo:

<https://www.youtube.com/watch?v=oinL42bYEmc>
<http://www.observatoriorh.com/liderazgo/nueve-pasos-inteligentes-para-cambiar-las-reglas-del-liderazgo.html>
<http://www.factorhuma.org/index.php?option=com_content&view=article&id=11779&Itemid=43&lang=ca>
<http://www.los5pilaresdelliderazgonatural.com/c/videos-cap2.html?gclid=CjwKEAiA18mzBRCo1e_-y_KLpXISJACEsANGIEJJw00WvMIyYwLm0xVVCwboAAlGD4jHptTv5X1r0BoCbSrw_wcB>

Mi verdadero deseo:

<https://es-la.facebook.com/teteria/posts/214625492008881>

<http://blog.inspiringbenefits.com/inspiring-benefits/empresas-felice-happy-companies/>
<https://www.youtube.com/watch?v=YDRId6QmNTA>

El poder del móvil, robotización e IoT:

<http://www.bbc.com/mundo/noticias/2015/07/150731_tecnologia_vert_fut_prueba_turing_lv>
<http://www.tendencias21.net/Un-robot-supera-una-prueba-de-consciencia-de-si-mismo_a40878.html>
<http://www.bbc.com/mundo/noticias/2015/07/150731_tecnologia_vert_fut_prueba_turing_lv>
<http://www.tendencias21.net/Un-robot-supera-una-prueba-de-consciencia-de-si-mismo_a40878.html>
<https://www.youtube.com/watch?v=-v0FkIxmnCA>
<http://www.libelium.com/top_50_iot_sensor_applications_ranking/>
<http://marketingland.com/apps-eat-digital-media-time-with-top-3-capturing-80-percent-143555>

Más rápido, más inteligente, más preciso:

<https://www.youtube.com/watch?v=_Xcmh1LQB9I>
<https://www.youtube.com/watch?v=bE9JlLzZ1JU>
<http://www.cnnexpansion.com/tecnologia/2014/03/28/un-robot-tu-proximo-abogado>
<https://www.youtube.com/watch?v=GIxSUjjnOcc>
<https://www.youtube.com/watch?v=tIIJME8-au8>

Formación:

<http://www.foxize.com/>
<https://www.coursera.org/>
<https://www.udacity.com/>

Despliegue de la red de internet en el mundo:

<http://www.google.es/intl/es-419/loon/where/>
<https://internet.org/>

Mirando el futuro que nos espera:

<https://www.youtube.com/watch?v=eyx0SwNlpPw>
<https://www.youtube.com/watch?v=aohHf34yD_0>
<https://www.youtube.com/watch?v=wroLk1ETVeM>
<https://www.youtube.com/watch?v=jXNOQsO-flc>
<https://www.youtube.com/watch?v=UipJ5CbFFf0>
<https://www.youtube.com/watch?v=_eX46yGAti8>

Reparto de la riqueza:

<http://www.huffingtonpost.es/2014/01/20/desigualdad-riqueza-oxfam_n_4629779.html>

<https://www.credit-suisse.com/cl/en/about-us/research/research-institute/publications.html>

El movimiento *free lance* en Estados Unidos, un espejo donde mirarnos:

<http://www.elmundo.es/tecnologia/2014/11/08/545b359f268e3e3d1e8b456f.html>

<http://www.forbes.com/sites/danschawbel/2014/10/29/the-top-10-workplace-trends-for-2015/>

<https://fu-web-storage-prod.s3.amazonaws.com/content/filer_public/c2/06/c2065a8a-7f00-46db-915a-2122965df7d9/fu_freelancingamericareport_v3-rgb.pdf>

Holocracia y organizaciones líquidas:

<http://claveslderazgoresponsable.blogspot.com.es/2015/09/holacracia-i-la-abolicion-de-la.html>

<http://www.enriquedans.com/2013/12/holacracia-la-filosofia-de-la-organizacion-que-viene.html>

<https://blog.holacracy.org/?gi=5c1b3ef45aa>
<https://www.youtube.com/watch?v=tJxfJGo-vkI>
<https://www.youtube.com/watch?v=Gh7hE4JcBsY>